大展好書 好書大展

U0111909

趣味心理講座 6

性格測驗⑥

洞穿心理盲點

淺野八郎／著
李玉瓊／譯

大展出版社有限公司

洞穿心理盲點——前　言

如果有人問：在你的生活中最重要的是什麼？你將做何回答呢？金錢、未來、情人、家人……。

這些的確都非常重要吧。但是，我個人卻認為還有一個更應珍惜的對象。

那就是人的「心」。

親切、憤怒、悲傷、歡樂、驚訝……。我們的日常生活不正是因為這些喜怒哀樂的交織點綴，而更顯得生動活潑嗎？

你想像得到從無歡笑的一天嗎？未曾流過淚的人具有魅力嗎？世間因為有驚奇才有所發現，因為有憤怒才萌生體貼之心。我想珍惜的，就是這樣的心。

誠如一枝草一點露，人的性格千變萬化不可一概而論。也正因為有形形色色的人，才有各種不同的際遇。所以，人生是相當有趣的舞台。

請環視你的周遭環境。其中應該還存在著你未曾知曉的世界吧。

不，也許你所不認識的世界就在你自己的心中。或許你自己本身必須認知的自己還存在於某個你所不認識的角落。

潛藏在你心中的盲點正是你尚未察覺到的自己。一口咬定對自己最清楚不過的人，往往渾身是盲點而不自覺。

換言之，有一個令你感到驚訝的自己。本書的測驗中有許多令人納悶「怎麼可能？」「為什麼？」的疑惑，不過，經由解說必可瞭解其所以然。這本書就是讓你與未曾察覺到的自己碰頭、認識的橋樑。

本書將誘導你進入未知的世界，洞穿你心理的盲點。

目錄

第二章　性愛測驗

拆穿性的盲點

第三章　戀愛觀測驗

洞穿愛情的盲點

第四章　探討將來性

洞穿常識的盲點

第五章　深層心理測驗

洞穿心理盲點

第一章　疏忽度測驗

洞穿視覺盲點

據說人的眼睛並不太牢靠。本章所搜集的是令人產生錯覺的測驗。請看了問題之後坦率地作答。在解題時稍做思考一定可以解開你心中的疑惑。

問1

若隱若現的三角形

左圖中隱藏著數個正三角形。那麼，到底有幾個三角形？

答1　浮現看不見的圖形

〈解說〉

這是利用圖形的心理測驗，診斷是否具備注意力與觀察力，而能看穿實際上無法辨別的景物的問題。

如果專注地觀察這個圖面必會在圖的中央出現一個三角形吧。但是，你會發覺構成這個三角形輪廓的三邊其實看不見。一般若要看見沒有標示的輪廓線，其顏色或亮度必須有所差別。但是，這個圖形卻可以根據知覺而得知其形狀。像這種沒有任何物理根據而能看出線條的，稱為主觀性的輪廓。

把視線集中在黑色的部份時，白色的部份會浮現一個三角形來。而把注意力集中在所看到的圖形上時，又會看到另一個圖形。這時可以看見幾個三角形乃因人而異。

具有觀察力、應用力的人最多可看到8個吧。普通的人至少也會看見2個。運用你的能力凸顯眼睛所看不到的輪廓線吧！

問2　找出最大的圓！

下面的圓弧是各個圓的一部份，請問A、B、C中那一個是最大圓的圓弧線？

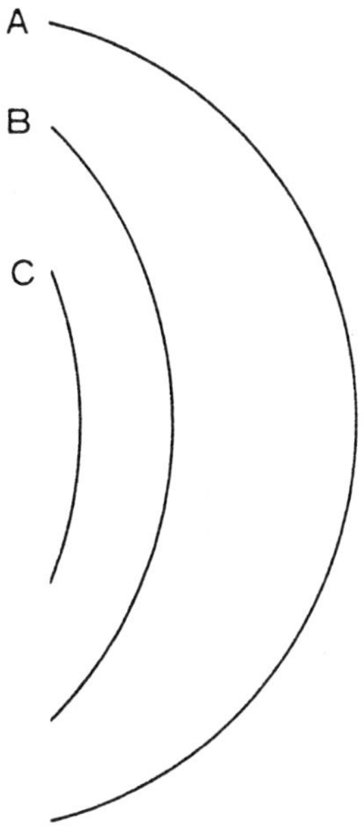

答2　從部份窺視全貌

〈解說〉

答是C。這只不過是簡單的疏忽測驗。其實只要依原弧度延長其弧線就可知道那一條線會形成最大的圓。

這個問題和前問一樣，關鍵在於是否可以知覺到「主觀性的輪廓線」。如果只根據人的視覺而作判斷，很容易犯下過錯。在這個圖上眼睛所看得到的A、B、C等各個圓弧中，以A的面積最多。屬於疏忽型的你是否選擇了A？

如果多少具備數學常識的人，應該立即明白答案是C吧。

同時，平時具有觀察力的人應該會在腦中展開浮現這條延長線的作業。

不過，選擇A也可能還有其他的動機。人天性喜好單純而安定的圖形，因此，在這個圖中會選擇帶有圓弧度的A。而選擇B的人也許只是憑直覺而作答吧？

問3　真實受到扭曲

下面的A圖中在大圓內的小圓X是否是個完整的圓？或者形狀歪曲？

請不要用圓規或量尺而立下判斷。

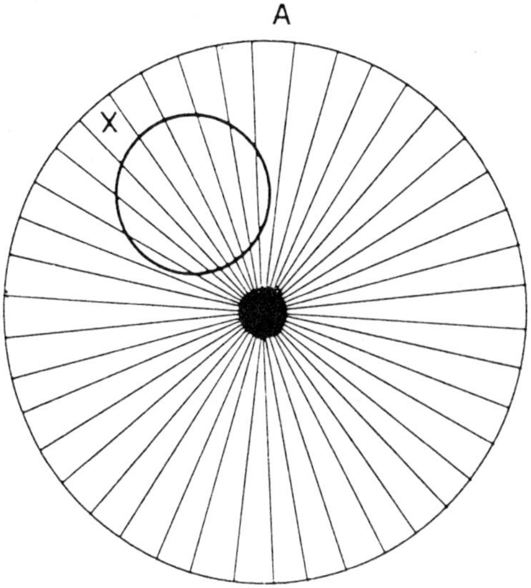

答3　是否受周遭圖形的影響？

〈解說〉

這是探討人的錯視測驗。

人的視覺當給予某種物理上的刺激時，會無法做正確的反應。以A圖為例，在大圓中的小圓X顯得歪曲的錯覺，是因為受到位在大圓中心的黑圓，和從中心點往圓弧放射出的直線所刺激而造成的。

你只要用指頭掩住圓中的直線與中心的黑圓，就可一目了然。原本以為是扭曲的圓即回復其完整圓的眞貌。人的眼睛很容易被陰暗的景物所吸引。這是利用這種心理傾向的錯視圖形。人所產生的錯覺有①角度方向的錯視、②拒絕分割的錯視、③對比錯視、④同化錯視、⑤垂直方向過大視等錯視。本題是屬於①的例子。

怎麼樣？應該有不少人對自己的眼睛產生懷疑了吧。在我們的日常生活中也會出現這類的問題。各位，看東西時可要小心囉！

問4　彎曲的直線？！

下面的B圖有兩條黑色的直線。這兩條線中是上或下的線呈直線？

絕對不可使用圓規量。

B

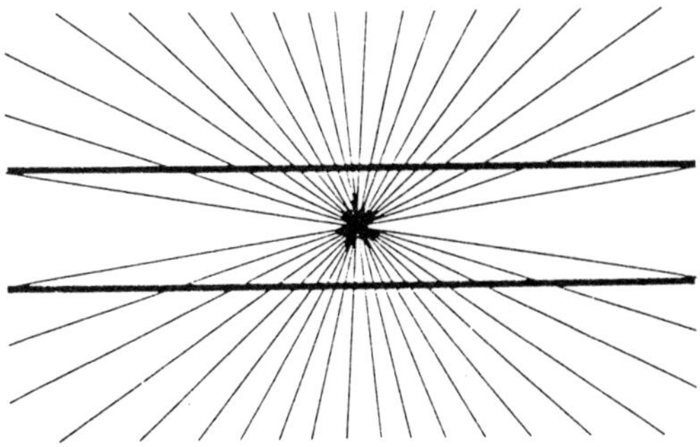

答4　令人產生錯覺的圖形

〈解說〉

和前題一樣這也是錯視圖形的問題。

B圖的直線似乎在圖中變得彎曲，其實並不然。這是無數的斜線使視覺混亂的緣故。當然，如果實際用製圖工具測量即明白了。兩條都是如假包換的直線。

題目中並沒有問及那一條才是直線，所以，答案當然可以說兩條都直線。

不過，這個問題中有一個陷阱。雖然明文規定不可使用製圖工具比對，然而用指頭又有何妨啊！只要用指頭掩住兩條直線外圍的斜線，即使不用製圖工具也能立即找到答案。

這兩條直線外側的許多直線所聚集的部份變得較黑，人的視線往往會將焦點集中在該處，此測驗就是利用這種視覺作用而成。

人的視覺盲點無所不在。

問5　請看清凹凸！

請你向他人說明下面的照片是什麼樣的照片（呈何種形狀，是什麼）？

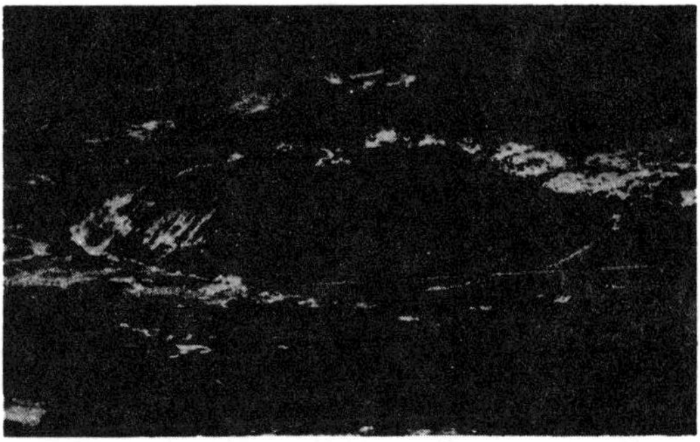

答5　光和影的作用

〈解說〉

這乃是拍攝月球表面上的凹洞。不過，因為照片倒放著，大概有不少人不明究理吧。

請試著把這本書顛倒過來看吧。原本以為是往上隆起的小丘，這麽一轉過來時就像是月球表面上凹陷的岩洞了。

內容單純（譬如圓）的照片中暗影的位置會造成極大的影響。黑白照片如果明暗的使用法失敗，整張照片會變得面目全非。

如果是平常極注意暗影使用法的攝影師或畫家，也許立即能拆穿這道問題的詭計。

據說首次看見月球表面的凹洞照片的人，似乎都以為「月球上有山」。因此，你一點也不奇怪囉！這不過是眼睛的錯覺罷了。

問6

動物們的藏身處

下圖中隱藏著2隻小動物。那是什麼動物？

答6　試著改變角度吧

〈解說〉

聽說有兩隻動物而立即回答是鴨子和兔子的人，觀察力、注意力相當敏銳。

各位聽說「瞎子摸象」的故事吧。內容是讓三個瞎子觸摸大象，再讓他們說明那是什麼樣的動物。其中一人說：「像大樹一樣碩壯無比。」另一個人回答說：「軟綿綿的。」而最後一個人回答說：「又細又長。」這乃是他們所觸摸的部位不同而有不同的答案。

同樣地，人觀看事物的眼睛也會因所觀看的角度而呈現不同的景象。若以這幅畫為例，也會因喜好鴨子或兔子而產生不同的看法。個人的體驗或主觀會造成影響。

這種圖畫一般稱為「多義圖形」。這是指根據所觀看的角度而出現數種不同景物的圖形。

問7

你是誰？報上名來！

A、B圖到底看起來像什麼？

A

B

答7　腦筋會急轉彎嗎？

〈解說〉

這兩個圖也是多義圖形。根據觀看者的視點會出現兩種不同的景物。

譬如，以A圖為例看起來像是印地安人或愛斯基摩人。如果將整張圖片當成一個臉孔則是印地安人的測驗。但是，稍微改變一個視點，從遠處看則又彷彿是愛斯基摩人的背影。即使把這幅畫倒轉過來看，也不得其解。如果一開始就認定他是一張臉譜，則難以察覺另外的模樣。

據說這類問題的答法會暴露該人的心理狀態。印地安人與愛斯基摩人的分別恰似寒暑、明暗之間的不同吧！

B圖也是一樣。不過，這張圖必須將視點倒轉過來，亦即把這本書翻轉過來看。你瞧，正面看像是老太太的臉孔，反過來看時，彷彿是戴著王冠的國王。

問8

奇異的4片羽

這裡有兩張長方形紙片所組合而成的4片羽。你認為其中較短的兩片羽是朝向前面或裡側？

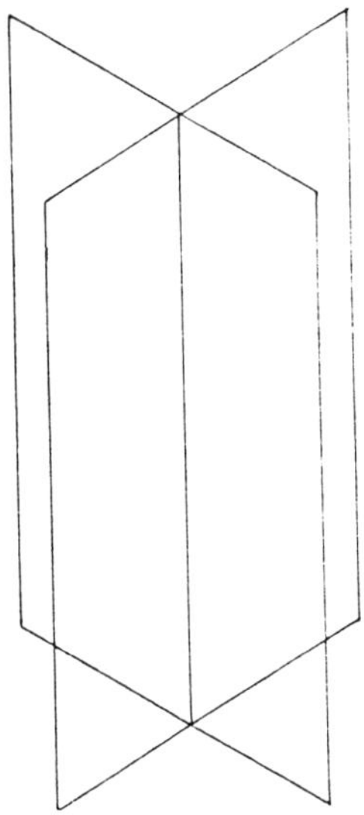

答8　你的腦筋柔軟嗎？

〈解說〉

幾乎所有的人都回答是朝向前方吧。

但是，事實上這個問題朝那個方向都正確。這也是錯視圖形的一種。像這種立體圖形只要做合理的思考，立即就能得到答案。你也可以自己實際地描繪看看。

這種測驗最重要的是要測試是否具備柔軟的思路，當腦中浮現答案時即認定那就是正確答案，或具有靈活的思考力，推斷可能還有其他的方法。受固有觀念所束縛而認為只有一個答案的人，往往急於找到解答。相反地，仔細觀察再從中尋找真正答案的人，會稍做思忖而轉換自己的觀點。

生活在繁雜的現代社會中，如果只有一成不變的構想，只會在原地踏步。試著改變你的視點，有時會使原本你所認識的世界全然地改觀。

問 9

也許是螺旋曲線

在黑白間隔的地紋上畫有曲線。那麼，這條曲線是往右轉或往左轉？

答9　你具備洞穿事物本質的能力嗎？

〈解說〉

您已經知道是往右轉或往左轉了嗎？

真對不起，這回可讓各位傷透腦筋了，其實這個圖形並非螺旋狀。

也許您會覺得驚訝，雖然這張圖面乍看下彷彿是螺旋狀的線條繞著圓圈往中心點聚集，然而仔細觀察，事實並不然。這只不過是以一定的間隔所描繪的數個同心圓而已。

您不妨用鉛筆延著曲線描繪看看。你必會發現再怎麼移動也無法靠近中心點。慢慢地你也許會懷疑自己手的感覺。但是，這條曲線並沒有朝向中心點接近，因此，你的感覺是正確的。

這個圖形光從外表看來很難得到正確答案。是個相當複雜而難度高的錯視圖形。

問10

旁邊的圓較大？

外圍繞有六個較大的圓Ａ，和外繞著六個較小的圓Ｂ，那一個圓較大？

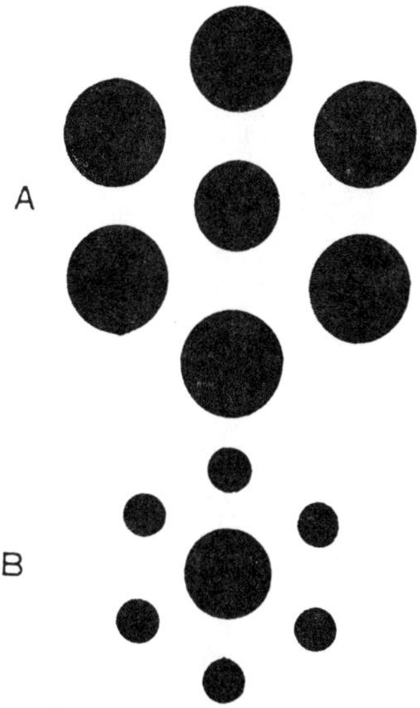

答10　你具有觀察力嗎？

〈解說〉

乍看之下顯得較大的應該是圓B吧。但是，正確答案是兩者皆爲一樣大的圓。您不妨用圓規或製圖工具實際地驗證一下。

認為B較大的感覺不難理解。不過，只要用手按住這2個圓外圍的圓，立即就可明白它們是一樣大的圓了。

眼睛所造成的錯覺乃是受到與對象併排在一起的物體的尺寸大小、顏色所左右。因此，以人來實驗也會得到同樣的結果。

站在一群大塊頭的人當中的你，和位於一群小孩中間的你，做比較時，乍看下一群小孩中的你，會顯得較高大而成熟吧。

這都是眼睛所造成的錯覺，不過其中也添加有心理上的影響。當我們的眼神受對象外圍的景物所吸引時，會無法確實掌握其真正的面貌。

問11

轉啊！陀螺！

如果繞轉這個圖形會形成下面那一種立體狀？

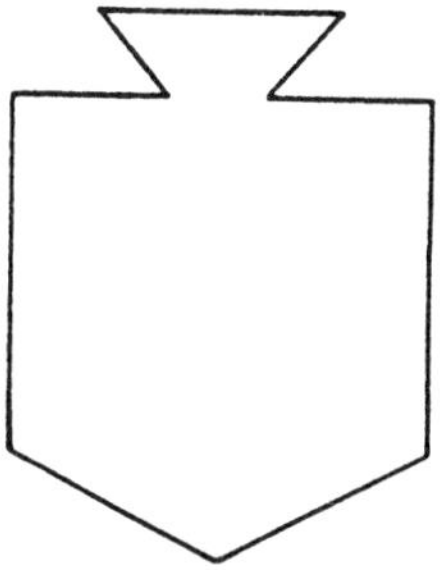

②

①

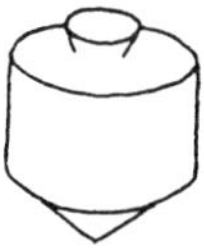

③

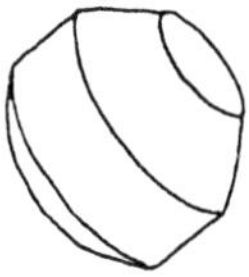

答11　是否受固有觀念所束縛？

〈解說〉

問題中並沒有提到以何處為支軸繞轉圖形。根據支軸的位置①～③的立體形狀都有可能。這只不過是個單純「陷阱」，有不少人卻因而受騙上當了。

人的注意力有其限度，即使自以為已經全神貫注，仍然會疏忽掉某些小節。而且，個人的知識或經驗也會影響到判斷力與注意力。以這個問題為例，如果是最近曾經玩過陀螺的人應該能一目了然。

另外，雖然只要注意就能得知答案，不過，令人疏忽而落入陷阱，乃是認定答案只有一個的心態。問題中根本沒有限定答只有一個喔！

如果心態像是參加考試做測驗題一樣，就缺乏觸類旁通的構想力了。

問12

問題的關鍵是男人或女人

某畫家描繪如下所示的圖畫，而題名為「穿洋裝的女人和兩名男子」。「穿洋裝的女人」不難其解，不過「兩名男子」到底所指為何？

答12　你的腦筋會轉彎嗎？

〈解說〉

如果把這幅畫倒過來看，圖中女子玲瓏有緻的曲線就變成兩個相視對望的男人的臉孔。

這是取材著名的錯視圖形「魯賓的獎杯」所做成的測驗。

是否能從這幅畫中看出兩個男人的側臉，即可發現你是否具有注意力、觀察力。同時，也可以診斷您是否會把圖畫倒過來看的構想力。

從側面觀看這幅畫或倒過來看，想盡

辦法利用各種角度來尋求解答的人，是具有好奇心也能天馬行空地自由構想的人。如果不費心思只是目不轉睛地注視這幅畫的人，可以說是腦筋有點呆板、缺乏好奇心的人。

另外，看不出其中有兩張男人側臉的人，很容易受某個觀念所束縛，是缺乏注意力、觀察力的人。

在這個測驗中，如果把畫中白色部份塗黑，而將黑色部份塗白，整幅畫給人的印象完全改觀。

根據畫底白色或黑色部分，會使整幅圖畫的印象展現不同的面貌。

同時，對黑白交接處的看法如何，也會影響所獲得的印象。

這幅圖畫有時令人以為是畫一位女性，有時則又像是男性，這乃是觀看者內心深處某種期待的投射。譬如，如果看這幅畫的人是男性，而其平常對女性極為關心，那麽，發現這幅畫中有一名女性的機率會提高。

像這類根據畫中的黑色與白色部份，而令人對圖畫有不同感受的圖形，換言之，雖然是同一個圖形，卻在觀看時產生出入甚大的景物的圖形，稱為反轉圖形或多義圖形。

這種圖形常被利用在擴大聯想的範圍或偽裝矯飾的方法上。

問13 是誰奪魁？

兩名賽車選手從B點和C點同時出發，都以平均時速120公里朝A點飛馳而去。

那麼，首先到達的是從那一點出發的選手？

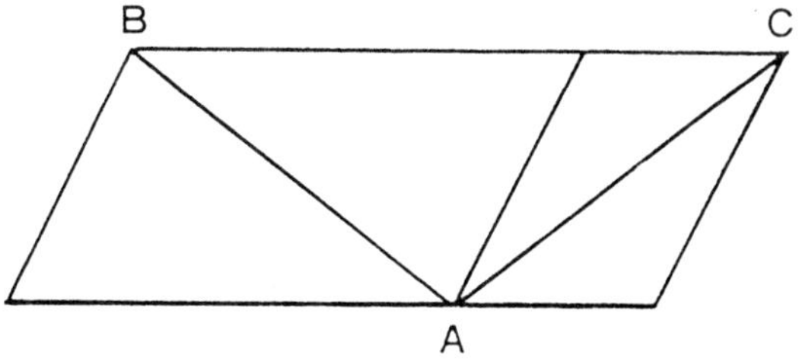

答13 人的知覺靠不住

〈解說〉

乍看下B—A的直線比C—A長，其實兩者等長。如果不看旁邊多餘的線條，只注視這兩條線，即使不用畫圖工具測量也能獲知事實。這個問題若根據周圍的直線做判斷，很容易出現差錯。

諸如這般處理問題的方式和個人的構想法有極大的關連。人對事物的看法可分下面四種類型。

①根據直覺的靈感而做判斷的人。
②以理論分析事物的人。
③追根究底地探討事物內在層面的人。
④對事物的掌握與觀察膚淺而曖昧的人。

對於這種圖形問題，重視自己直覺靈感的人，會注重乍看下瞬間的自我感覺。

根據理論而採取行動的人，會立即找來量尺或與量尺類似的物品，譬如用繩索等實際地測量以確認真偽。

而追根究底地探討事物內在層面的人，會用懷疑的眼光揣測在這個圖形中是否隱藏著陷阱。

因此，這個測驗不但隱藏著認識人的思考模式的線索，也是構想法的訓練。

現代可說是改變構想法的時代。據說人之所以無法突破現狀，乃是受一成不變的構想、固有觀念所束縛的緣故。

下面介紹一個有趣的故事。

生活在田埂裡的青蛙，有一個特殊的習性。那是青蛙的身體能適應周遭水溫的習性。當周遭的水溫較低時，自己的身體會隨之變冷，而周遭的水變暖和時，自己的身體則跟著提高溫度。

因此，有人做這樣的實驗。他把青蛙放進裝有水的大杯內，然後在下面用煤氣爐加熱。不久，大杯內的水溫漸漸升高，青蛙也逐漸地提高自己的體溫。當水溫一再地升高，理所當然地會沸騰起來。但是，青蛙當外圍的水已經沸騰之後，也沒有察覺狀態的詭異，終於葬身熱水中。

在沸騰之前輕輕地敲打青蛙的頭時，青蛙會回過神來匆忙地想從大杯子脫逃而出。人的習性和這個故事如出一轍，「習慣」和死在沸騰的水內的青蛙是一樣的。有時不妨敲敲自己的腦袋，亦即改變平常思考法是非常重要的。

現代之所以是改變構想的時代，乃是因為改變構想是促成各種生意買賣興隆的關鍵，也是提高人際關係的智慧。

日本的NTT（電力公司）想出利用電話卡，也是一種構想的轉換。以往只有用硬幣才能打通的電話，現在用一張卡片即可代勞，這可以說是相當傑出的構想。

問14

敲敲你的頭？

左邊是按鍵式電話的按鍵盤，其中有個地方不對。那是什麼地方？

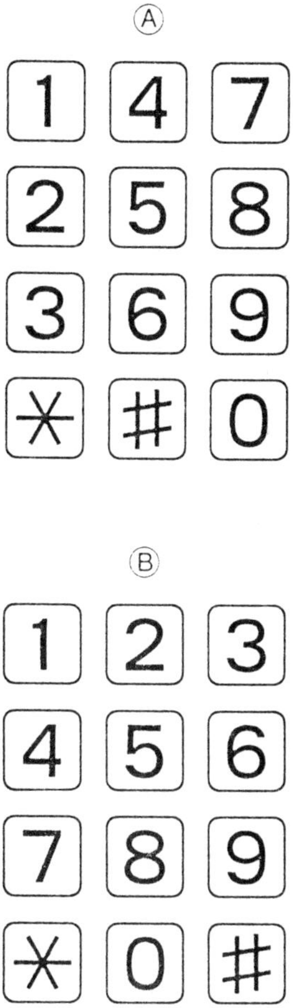

答14 關心周遭的事物嗎？

〈解說〉

日常生活所使用的物品形狀由於隨處可見常使人掉以輕心，碰到這類問題才會使人認真地去回想到底是什麽模樣。

按鍵式電話的鍵盤配置和電子計算機裡的似乎類似，卻有些不同。如果您手頭上有計算機，不妨拿出來看看其中的差別。

從上而下依序所排列的號碼是，第一列由左到右呈1、2、3的排列。第二列是4、5、6。第三列是7、8、9第四列是*、0、#。這就是按鍵式電話的鍵盤排列法。所以，這個圖中A的排列方式完全錯誤。也許有不少人沒有察覺到其中的不對吧。不明白其中所以的人，似乎稍欠注意力與觀察力。

如果我們能仔細地觀察日常生活中所使用的物品，一定會有許多嶄新的發現。對任何事物不要只從單面來觀察，而應從各種角度來評斷。也許您會從中發現許多驚奇。

問15

把世界染成你的顏色

請把下面的地圖用顏色區分各個國度。請問避免鄰近相接的國家染成同一個顏色時，至少要用幾種色筆？

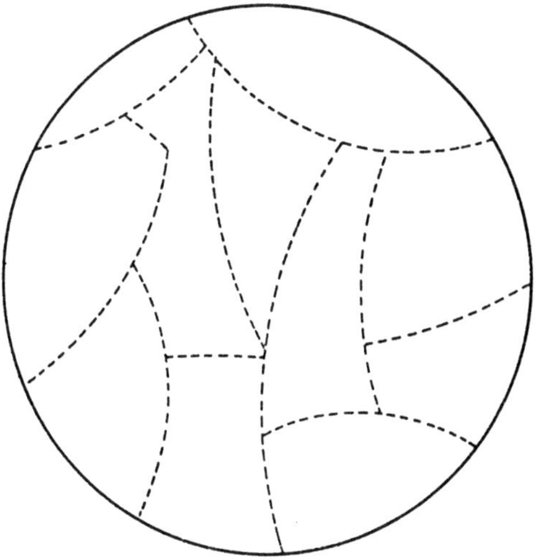

答15　慎重派或輕率派

〈解說〉

答案是兩種。這個地圖可以用三個顏色來區分，如果其中一個顏色是白色那麼只要準備剩餘的兩種色筆就足夠了。

這個問題也許必須實際地用顏色區分才能明白，而實際去做後應該有許多人回答是三個顏色吧。

問題是能否機靈地將其中一個顏色當成底色（亦即白色）？本測驗的目地就是要測驗是否具有應用能力。

如果根據一般常識而認為所有地圖可以用四個顏色做區分，受宥於這種「小智慧」可能做出這樣的答案。這種人的腦筋大概缺乏柔軟性。是屬於對任何事情都不會自己先做確認，而認為某人的意見或書籍上的常識是唯一憑藉的類型。

相反地，認為應該可以用三個顏色做區分的人，是具有實行力、好奇心旺盛的人。

第二章　性愛測驗

拆穿性的盲點

所謂「食色性也」也許人本來就是好色的動物。

本章特別準備了珍藏的問題，做為暴露男女間本性的測驗。從驗證測驗的反應，你必會發現自己所具備的性知識充斥著盲點。

問16　再度回到身邊的情人

曾經交往的情人，整容之後出現在你的面前。他的臉型已完全符合你的品味。舊情人希望和你重修舊好。那麼，你會怎麼辦？

①稍做考慮
②立即回絕
③介紹給不知情的朋友
④重新交往

答16　探討你的愛情度

〈解說〉

從前，對女性而言整型美容並不是可以大肆張揚的事情。但是，最近的情況似乎已有改觀。雖然不至於刻意地到處宣揚，卻有不少女性對外觀、體型的美容不再感到任何羞恥。就職前或入學前、轉職之際，在臉孔的一部份動點手腳似乎已司空見慣不足為奇了。同時，不僅是女性，男性也有越來越多的整型美容者。本來人就具有變身願望，而每個人也都渴望外表變得美麗、體態變得姣好。

只不過容貌變得美麗、體型動過手術而判若兩人之後，別人的反應和自己所想像的似乎有所出入。美感本來就是個人感覺的問題，根本和他人的意見毫不相干，不過，人這種動物往往會在意周遭人的批評與見解。

這個問題的關鍵是在於舊情人整型美容後的臉孔正好是自己所喜好的模樣。這個測驗的答案可以顯示與曾經分手的情人之間的關係如何？以及目前你和所交往的女友之間的關係。

①稍做考慮

這是最普通的回答。也許和目前交往的女友間，關係正處於兩情相悅的階段。不過，在交往之前該有過和其他女性做比較或感到煩惱的經驗。或者目前正困守愁城？我想這應該是屬於精神上的問題。在肉體方面大致已感到滿足吧。

②立即回絕

這種人是相當念舊的人。乍看下顯得男子氣概？拒絕的方式毅然決然，不過，反過來說，這也是自己至今尚無法忘懷對方的證據。

本來在精神方面是屬於較脆弱的人，因此這個態度表現了渴望自己變得堅強的願望。不過，若要問及是否能對自己的行動負起責任，則又屬於立即逃避型。

③介紹給不知情的朋友

這是屬於城府極深的詐欺類型。女性經驗相當豐富，絕不和同一個女性天長地久的此情不渝，是一再地更換女友的花花公子。但是，卻是會顧慮對方的心境而嚴密地思考分手方式的人，因此，即使爾後雙方再度碰面也心無芥蒂。絕不會因此受女方的埋怨，而能巧妙地使對方落入自己的掌握中，使其對你永生難忘。

④重新交往

這種人屬於現實主義者。看見舊情人美容後的臉孔，立即能改變觀念把對方當做是另一個不同的女性，精打細算得令人恐懼。在戀愛方面也是重視肉體關係的類型。也許和所謂柏拉圖式的戀情毫無緣份，或過去曾遭受的精神打擊尚未消失。

反過來說也可能是具有強烈柏拉圖式願望的人。

問17　殉情遊戲

如果你和目前交往的女友（或喜歡的女性）決定殉情，你會選擇什麼方法與場所？服毒殉情、投水殉情、撞車…。請想像你所喜好的方式。

答17　瞭解你的戀愛觀

〈解說〉

日本的時代小說『曾根崎心中物語』中有許多描述殉情的情節，根據殉情者當時的心理狀態，選擇死亡的方法及場所各有不同。若是男女情人殉情，則其殉情方式會受二人的關係或所處的狀況影響。雖然這個問題純屬假設，卻能推測大致的情況。

據說多數人在殉情之前會有最後的性交，不過，有些人因當時的男歡女愛激情高昂而取消殉情的念頭。那是因為對死亡產生恐懼，而對生命湧現執著。

思考利用瓦斯或服毒自殺的人

也許做這個回答的人最多吧。這是死得最漂亮的方法。死之後既可維持原貌也能減少死亡的痛苦。選擇這個方式的人認為戀愛是一種美麗行為。殉情的二人也許是缺乏戀愛經驗，或目前的戀愛尚處於籠罩在初階段的你儂我儂氣氛下的幸福者。殉情的場所也是判斷二人關係的關鍵，腦中想像在白樺樹下或海邊服毒自殺的人，可以說是浪漫主義者，也是對女性具有體貼、關懷之心的人。

想到投水自殺者

和前者一樣是渴望能貫徹美麗的愛情的人。不過，和服毒自殺所不同的是，臨死之前相當痛苦，死後的狀況令人慘不忍睹。在『同居時代』這部電影中，一對情侶看見一具投河殉情而被打撈上岸的屍體後，出現一個女方問男方說：「能和我一起死嗎？」的鏡頭。事實上打撈上岸的投河自殺者景況相當悽慘。

不過，這裡只不過是假設的問題，我們從另一個角度來探討吧。

選擇這種方式的人，多半暴露對目前戀愛的回歸願望。

在投水自殺中從船上投水身亡者，是表示想要清算過去的一切。而投河時的高度則代表這種念頭的強弱。

想到彼此用菜刀等利刃互相刺殺而亡的人

也許目前二人的關係是彼此傷害的情況吧？即使是彼此相愛的人一旦朝暮相處時，也可能在各種事物上形成對立。血的紅色原本是熱情的顏色，而這時則代表慾念、怨念。也許目前二人的狀態並不太好，而因為無法得到周遭的人理解，彼此也覺悟到這是互相傷害的戀情。

想到撞車或跳樓的人

對任何事都採完美主義者。尤其是選擇火車的人這種傾向越強。撞車是死後形體全毀的死法，因此，是表現想要將過去的一切一筆勾消的心境。

跳樓的人和撞車者類似，是具有自虐性的人。著名的例子是日本的明星沖雅也、岡田有希子，他們二人外表上看起來都顯得開朗，似乎沒有任何煩惱，個性有點令人難以捉摸。是屬於暗自為自己所處的狀況痛苦而煩惱的類型。

問18　男人無法忍耐

假設你正和女友性交中。突然，你感到一陣尿意。那麼，你會怎麼辦？請從下面的項目中選擇答案。

①明白告訴對方：「我要上廁所」而立即奔馳而去
②適當地打混戰
③繼續性行為

答18　對性的印象

〈解說〉

在性交中似乎常有產生尿意的情況。但是，總有辦法忍耐下來，除非窘迫難耐否則不可能在途中停止性行為。尤其是男性，在其身體構造上尿與精液是同一個出處，因此，在獲得性刺激時身體的結構會停止尿的排泄。而女性雖然構造不同，機能卻也一樣，因此，鮮少會發生這類情況。換言之，這個問題中的「想要上廁所」是表示對性行為本身並不熱衷的狀態。

這是不能全神貫注時所產生的尿意。但是，性行為是兩個人合作的關係，因此，即使要中途暫停也必須顧慮對方的立場。根據是否有體貼對方的心意，而會使爾後的狀況大為改變。

本來性周邊的行動所附帶的各種涵意遠勝於行為本身。有人認為性行為中印象的部份佔居大半。換言之，根據心理的狀態可能使性行為變得美好或反之使人生厭。這是彼此雙方獲知對方的快感而使對方感到喜悅的行為。

所以，以這個情況為例，分析的材料是能否明白性行為的真諦。

①明白表示要上廁所

選擇這個答案的人自虐願望極強。鮮少體貼對方而以自我為中心，當自己受到傷害時會感到快感的類型。換言之，是具有所謂的性被虐待傾向的人，但是，並非明白地表示這種願望，而是潛在性的慾望使然吧。平常毫無顧忌地暢所欲言，而當發生某種令自己痛苦的事情時，潛在意識即會發生作用。

這種類型的人在性方面喜好自己處於劣勢。渴望舔吻對方的全身或採取彷彿是奴隸一般的體位。

②適當地打混戰

這種人乍看下顯得虛榮，其實是具有體貼對方的心意。非常明白「性」是建立在雙方的互動關係，體會如何才能令對方歡喜。

因此，即使犧牲自己也會為對方盡力的人。但是，並非是無我的狀態，而是得知對方的喜悅後會更進入高潮的人。

在性方面技巧高明，並不立即媾合而著重前戲。

③持續性行為

這和①有不同意味的自虐傾向。正好位於①和②者之間。被他人撞見性行為或遭受虐待而能獲得快感的，是①的類型，而自己做自我了結的自虐性，是③的類型。

同時，在性交中會想到第三者。性完全是自己享樂的行為，並非二人從中獲得樂趣的關係。

但是，這種人很懂得其中人際關係的處理，不會被對方有所察覺。

問19　女性正在舔食某種東西

下圖是某個女性正在舔食某種東西。那麼，她正在舔食什麼？

答19　探索性的關心度

〈解說〉

女性的嘴唇也許令人直覺地聯想到女性的性器，而多半與性相提並論。同時，若把嘴巴當成性器，舔食的行為也可以說是一種性行為或口交。

這張照片事實上是令人想到口交的照片，而舔食的東西會使人聯想到男性性器。根據觀看者的想像，所舔食的東西可以是冰淇淋、香腸、玉蜀黍、熱狗……等等。

雖然問題中所提到的是「舔食」，相信也有人立即聯想到其中是男性性器吧。或者幾乎所有的人都如此認為。這並非異常，只不過直接地聯想到男性性器的人，也許最近剛有過性行為或在性方面有所慾求不滿。

立即想到食物的人，請確認一下自己所想像的食物的形狀與大小。如果是女性，那是表示自己想要體驗的男性性器的形狀，若是男性，則是表示渴望自己的性器是該形狀。

其中應該也有人想像和男性性器毫不相干的東西，這種人對性並不太關心。但是，即使如此，也能根據其所想像的食物的硬度或大小、顏色等做為判斷的材料。

想像香腸或香蕉的人對性極為關心。如果是香腸，則請確認是否沾有番茄醬。這代表處女的血或生理的血。若是香蕉，也請確認其彎曲度或顏色的不同。

想像是熱狗、漢堡等的人，如果是女性，則代表自慰。英語的熱狗也指女性的性器，漢堡也一樣。

換言之，在性意識中是重視自己的性器遠勝於男性性器的人，或者是喜好自慰勝於性行為。如果是男性，表示性行為或媾合的願望。

據說在美國糖果或鮮奶油等糕點類的形狀，越接近於性器賣得越好。這是將女性的購買意願和性關係結合在一起的市場調查，目前日本尚未到達這個階段，但是，將來如何則不得而知。

不過，既然模仿性器的巧克力在美國大為流行，傳到日本後也成為搶手貨。因此，這種市場狀況大概指日可待吧。

令人有雌雄莫辨之感、曖昧不明的圖畫，在觀看者眼中因其社會體驗的不同，會產生不同的印象。

問20

選出錯誤連篇的雜誌

有三本使用你最喜歡的明星照為封面的雜誌，同時併排在書店的窗口。你很想三本都買，卻因為手邊的錢不夠只能買其中一本。那麼，你會選擇那一本呢？

A

B

C

答20　你的性關心度

〈解說〉

雜誌的封面有數種類型。大致可區分為以模特兒的臉孔特寫、模特兒上半身及全身照為訴求點等三種。幾乎所有的雜誌都涵蓋於其中。其中以女明星臉孔特寫為封面的有週刊、影視明星版、男性週刊、女性週刊、婦女雜誌……等為數眾多。這是最傳統的類型。而漫畫週刊多半是取用上半身照片的封面，而全身的明星照則是讀者年齡層較高的雜誌或專業雜誌。

有人認為一般人是根據封面的魅力點而購買雜誌。雜誌封面的模特兒會使行情有所增減。同時，根據模特兒照片的好壞也會影響銷路。封面可以說是雜誌的臉孔，雜誌封面則是吸引讀者的關鍵。

這裡所提示的三本雜誌的封面是採用同一個模特兒，而問題是從中選擇那一本雜誌，這不僅可以表示選擇者目前的狀況，也暴露對女性的關心度。根據個人所注視的重點不同而反映性格的差異。

A選擇腰部以上明星照為封面的人　是重視個性的人，除了異性之外對任何事都有其明確的好惡之分。對女性也會根據其主義、主張做選擇。雖然在性方面不會糾纏不清，卻屬於旺盛的類型，多半會採取主動。研究心也相當旺盛。

B選擇臉孔特寫為封面的人　是順應性強、大而化之的人。往往會出現幼兒般的性格，帶有孩子氣。對事物的判斷曖昧不明，具有憂柔寡斷的一面。在性方面也是依賴對方，一切由對方主導。所以，受到渴望表現母性本能的成熟女性所喜愛，卻被獨立性強烈的異性所唾棄。

C選擇全身照為封面的人　是屬於行動派。凡事都先嘗試之後再提出答案的人，從壞處解釋，具有碰運氣的傾向，不過，即使發生任何困難也不會因而洩氣，是屬於樂天派的人。富有社交性，喜好運動，擁有多項的興趣。對性是屬於享受型，具有研究心，以運動的感覺享受其中。

問21　回歸自然

如果你的女友（或男友）變成動物，你希望她（他）變成下列動物中的那一個？

①馬

②蛇

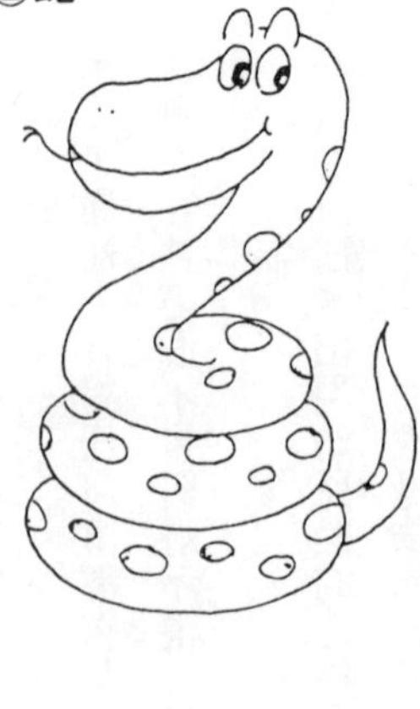

⑤猴子

③狗

⑥貓熊

④企鵝

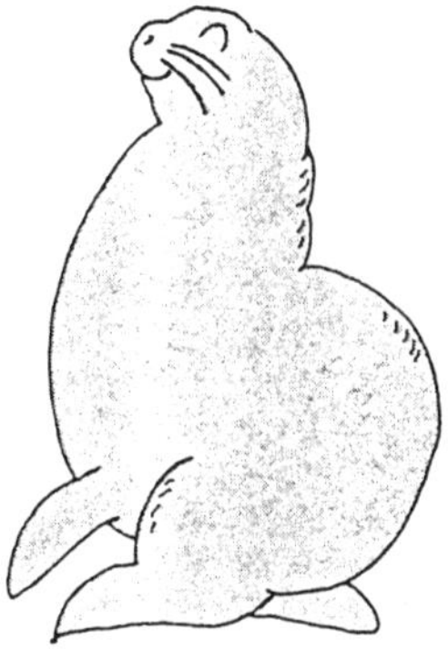

答21　對目前的愛情覺得滿足嗎？

〈解說〉

本題的關鍵並非「你想要變成什麼？」而是「你希望你的情人變成什麼？」本題的目的是根據選擇動物的基準而探討你對對方所要求的是什麼。

諸如這般以某種事物或事件來反映自己的慾求、願望等心理狀態，稱為投射（Projection）。心理測驗中多半採取這個方法。而這個問題是利用動物代替異性關係中的彼此願望，從而探討有關戀愛或性的心理狀態。

雖然在此並未特指「性」，不過，從題目中所出現的動物應可明白了。這些都是各具有性特徵的動物，不論在生殖器或體力方面都異於其他動物。

①馬

馬的性器巨大已成定論，事實上各動物的性器大小不一，這乃是各動物與生俱有的身體結構使然，因此，我認為並不可一概而論。但是，在此所談的純屬想像的世界，亦即從所看見的動物反映「性」，因此，肉體與性器的平衡度乃是問題所在。

綜合這些要素看來，選擇馬的人不論是男女都渴望巨大性器。同時，具有強烈虛榮心、自尊心高。在戀愛或性方面屬於形式主義者，認為內容只是其次的人。

②蛇

喜好如膠似漆糾纏不休的性。反過來說，目前的性過於淡泊而感到不滿。雖然自己有性的慾求，對方卻毫無所覺而焦躁不安。這種類型者一旦遭遇失敗，在精神上也難以回復，因此，常會使對方感到疲倦。

③狗

性本身雖然正常，然而性交時間相當長，不過，不會變更各種體位增加變化，而是媾合之後緊緊地擁抱著對方的類型。渴望充沛的精力而勝於性器大小。

④企鵝

選擇這個動物的人可謂「嗜性如命」，渴望窮究有關性的任何可能性，與其用腦筋思考，不如說是利用下半身探討的類型。當然，單一的對象無法獲得滿足，會一再地改變性交對手而獲得喜悅。

⑤猴子

是喜歡正當性的人。只要對方的技術與經驗與自己相當即可。但是，凡事都尊重常識與他人的意見，因此，從女性的觀點看來也許稍嫌不足，不過，是屬於順應時代的人，人生不會有太大的起伏。

⑥貓熊

對性不太關心，性經驗幾乎全無的人。即使是有經驗的人對性還是抱有相當的自卑感，似乎目前並不渴望「性」。

問22　適合迷你裙的她

當你走在地下街時，有一位穿著迷你裙的女子迎面走向前來。不論是外貌或身材都是你所喜好的類型。

那位女子正要爬上樓梯。那麽，你會怎麽辦？

答22　探討你的色狼度

〈解說〉

如果你是男性應該有過這樣的經驗吧。曾經有過經驗的人請回想當時的情況再作答。如果是女性，不妨向你的男友做這項測驗。

迷你裙下的玉腿會誘惑男性的性興奮。更何況外表是你所喜好的女性，自然會將視線投注在其雙腳上。

這時尾隨在該女子身後的舉動，也可分成幾種類型，在此，就根據行動類型別來分析性格。

看見該女子爬上樓梯而立即緊追在後的人，對性的關心度極強，也具有行動力。是屬於好色的人，不過，並非糾纏不休的類型，而是一切瀟灑自在。事實上，是擅長獵豔的高手，也懂得處理性需求。

只看了一眼該女子的臉孔而不尾隨在後的人，對性並不太關心，是天「性」淡泊。但是，從另一個角度看來，在衆人面前沒有採取這類行動，極有可能是一種掩飾。

這裡可要自己仔細地分析，如果當時並沒有其他人在場，你會怎麼辦？同時也請回想一下，看見這位女子時帶有什麼樣的感覺。

看見四下無人而尾隨在後，或覺得被他人撞見極為可恥的人，有點危險喔！

看見該女子爬到樓梯的中央而追趕過去的人，是頗具謀略的策士。凡事確定自己的立場，安全之後再採取行動的慎重派。

當然對性極具關心，不過，卻是不形於色的陰沈型色狼。雖然缺乏立即尾隨在後的勇氣，卻能確保自身安全的智能犯。

問23

內褲集錦

如果你（或女友）想要穿在身上，你認為下面那一種內褲較好？

①一般的白色

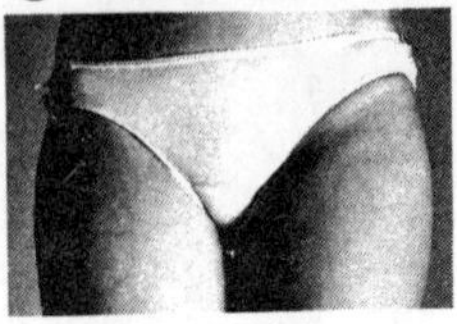

④米色

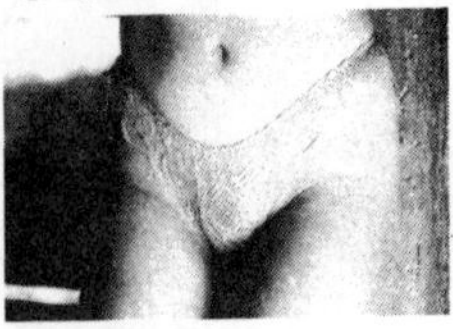

⑦藍色的性感內褲

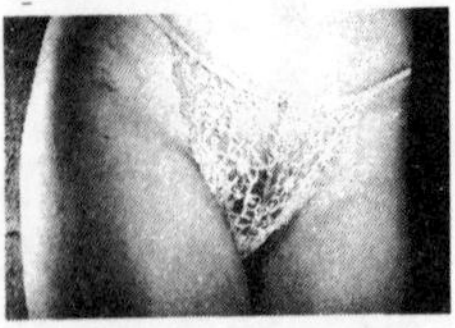

⑩橫條紋

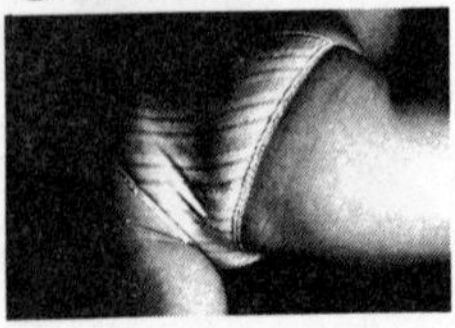

③白底花紋

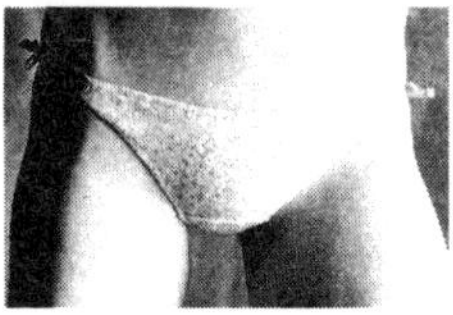

②白色蕾絲

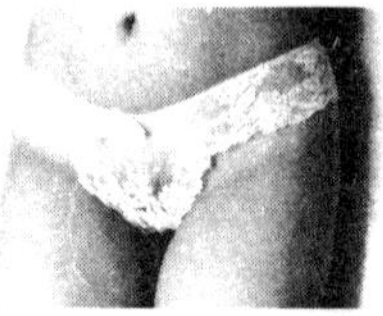

⑥寬型的粉紅

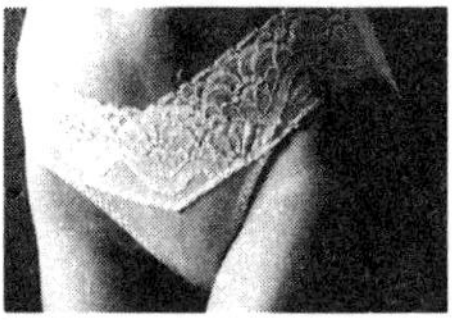

⑤粉紅

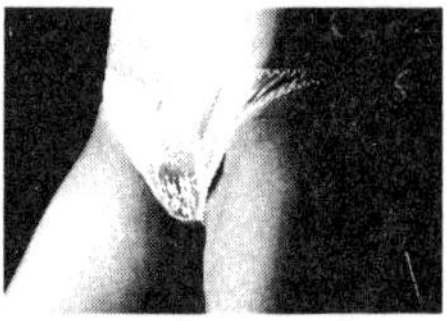

⑨深藍

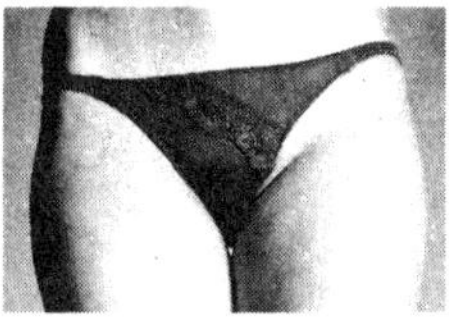

⑧藍底花紋

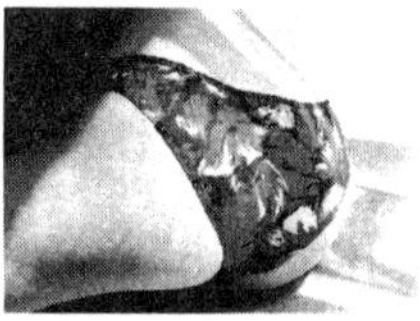

⑫黑色性感內褲

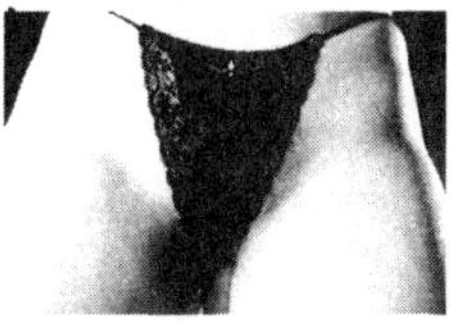

⑪赤紅

答23　探討你的性道德心

〈解說〉

本來，女性的內褲基本上的作用是掩飾性器。因此，對內褲的款式、顏色等的嗜好無形中會流露該人的性觀念或道德意識。因為，如何掩飾自己的肉體或期待對男性造成何種刺激，是排選內褲時最大的要點。

同時，也可以瞭解在全裸之前對對方（男性）的顧慮程度如何？正式性交之前腦中的思緒如何。

①選擇一般白色的人　在異性關係上是屬於保守派，不太喜歡過於激烈的行為。也不做非份的性交，是屬於較淡泊的類型。絕對不會紅杏出牆。也正因為如此若要玩弄男性，刻意穿著這種內褲也許較具效果。

②選擇白色蕾絲的人　是重視與異性間的性靈之交的類型，肉體上的關係則在其次。

不過，若是以身相許的對象，會表現出奉獻的態度，因此，以男性的立場而言，雖然交往之初有固若金湯難以攻破的困難，卻也是值得攻陷的女性。

③選擇白底花紋者　若是年輕人，是渴望異性的溫柔之愛。如果是稍有年紀的人，則表示渴望重拾年輕歲月的心態。而兩者都是本性善良，因此希望對方在性方面也能表現溫柔而和善的態度。

④選擇米色的人　也許是已婚者吧？根據統計，選擇米色的已婚者比未婚者多。這是具有強烈的母性本能，在性方面並不計較行為本身，而會體貼、包容對方的類型。如果是未婚者，是屬於大姊或媽媽型。

⑤選擇粉紅的人　毫不受固有道德觀所束縛，在性方面彷彿運動一樣地享受自如。雖然和淫亂有所差距，卻表現得相當乾脆灑脫，因此，男方倒也不必過於在意。性是性、戀愛是戀愛的進步派。

⑥選擇寬型的粉紅的人　對性帶有極度的自卑感，事實上並不如想像的悲哀，卻對自己的身體喪失自信。我想現今的年輕人大概鮮少有人穿著這種內褲，不過，其中有人也許

是難以抹滅過去曾經驗過的，對性的無力感吧。

⑦**選擇藍色的性感內褲的人**　對異性相當關心，是慾求不滿型。藍是表示對性的強烈關心，這個顏色越濃性慾求越強。若是紫色，這種傾向尤為顯著。但是，卻不致於變成異常性慾，只不過是現狀不滿型。

⑧**選擇藍底花紋的人**　現在是因為某種原因而處於性受壓抑的狀態，也因為如此對性極為關心。這種類型的女性很容易受花花公子型的男性所誘惑。由於性的壓抑非常強，平凡的男子也許難以應對。

⑨**選擇深藍的人**　對性的慾求高人一倍。但是，卻不是慾求不滿型，總而言之是「天生嗜性」型。對自己的身體有相當的自信，在性交時會採取主動。經驗也豐富。

⑩**選擇橫條紋的人**　是喜好獨特的愛情表現，也容易沉淪於性技巧的遊戲中。研究心旺盛，會閱讀書或雜誌並立即渴望付諸實行。不僅是體位，也會留意場所、談話等性周邊的因素，竭盡所能把性愛窮究到底。

⑪**選擇赤紅的人**　在做愛時一開始即掌握領導權，當得知對方的喜悅後，自己也會獲

得快感。這種人會把性愛發揮得淋漓盡致，在對方要求之前會主動自慰。能體會男性的性感部位，藉由刺激其性感帶而自己也獲得快感。

⑫**選擇黑色性感內褲的人**　是享受性的類型，也喜歡變更體位。不會厭惡對方所渴望的姿勢，同時自己也會提出要求。也許多少帶著變態，卻不至於異常，會不停地追求使雙方得到快感的方式。

問24 帶著什麼味道的女孩

當你走在路上迎面而來一位長髮的少女。就在你們雙方擦肩而過的瞬間你聞到她身上的體味。那麼，這位女子身上是帶著什麼氣味呢？

①肥皂或洗髮精的香味
②古龍水等化粧品、香水的香味
③腋臭
④其他

答24　從嗅覺了解性關心度

〈解說〉

氣味會產生性刺激，誠如古來有之的魅藥，在目前的時代仍然有利用特殊香味促進性慾。其中之一是香水。現在連男性也使用香水，彷彿是理所當然一樣，但是，香水本來是為了刺激人（男性）的嗅覺。當然，也可以說含有刺激性慾的要素。

謠傳最近在日本相當流行的『Poison』的香水是做愛的香水，據說其成份中可能添加有促進性慾的魅藥。

一九五二年法國的魯•馬格奴首次發表人類的嗅覺和性行動之間的關係，這個報告指稱，女性對麝香的嗅覺隨著月經的週期會產生變化。這個嗅覺在排卵時達到最高，比月經時強過一〇〇倍至二〇萬倍。而做卵巢摘除手術的女性對麝香的嗅覺遠比一般的女性弱。

但是，如果手術後再攝取女性荷爾蒙，則會回復嗅覺。而據說麝香在化學上非常接近於男性荷爾蒙，不過，成年男子或未成熟的男女對麝香並沒有反應。

①選擇肥皂或洗髮精的香味的人

對性不太關心，在性愛方面也多半屬於淡泊的類型。這種香味帶有清潔感，卻鮮少會刺激性慾。認真地追求柏拉圖式愛情的男女關係。

②選擇香水或化粧品香水的人

對性極為關心，經驗也豐富。不過，香水有各種的味道，因此，根據其香味的種類也有程度上的不同。想像醇美甘甜香味的人，對性愛也追求溫柔、美麗的形態。想像帶有強烈動物氣味的人，在性愛中也表現出動物性，喜歡猛烈的性交、立即進入媾合。

③選擇腋臭的人

極為嗜性。腋臭越強烈對性關心度越強。如這種氣味顯得異常，對性愛也越帶有變態性。但是，並非選擇這種氣味的人就是變態，只不過比平常人具有較強的動物感覺而已。

④選擇其他的人

如果不明白到底是什麼樣的香味，請與上述的分析做一番比照後各自判斷。

問25　性交後的享受法？

床上的兩人是情侶。他們剛做完雲雨之事，而男子正想要做別的事。那麼，如果是你，會做下面中的那件事呢？

①喝水
②穿內衣
③抽煙
④打電話

答25　瞭解你的性經驗

〈解說〉

在此所要留意的並非性愛之後採取什麼樣的行動，而是想要接觸什麼的意識。根據這種意識的對象而探討對性關心的強弱、或經驗、知識的程度。

①喝水

將東西送進嘴裡是表示對性交滿足的狀態。不過，如果是水等液體則情況又有不同。那是表示想要清理現在的狀態，立即轉換到下一個場面的願望。或者也具有想要清算目前的戀愛關係的念頭。這是性經驗豐富卻重量不重質的人。其量是指人數或性的次數。

這種人和柏拉圖式的戀情相隔遙遠，是把性當做遊戲而享受的類型。

②穿著內衣

有過異性經驗卻不豐富，人數及次數也只有一或兩人的程度。

還沒有到達在性愛中獲得快感的層次，尙停留於先有性行爲再談其他的階段，若要討對方的歡喜似乎還得花上一段時間。也許其中還有對性愛感到厭惡的人。

這種人或許在同性之間胡鬧起鬨，遠比與異性交往來得有趣。

③抽煙

選擇這個項目的人，不但性經驗豐富也擅長與異性交往。誠如前述口入食物乃是表示對現在的性交滿足的狀態。

經常看西洋電影的人也許能立即明白，吸煙是表示性交結束的典型小道具。

實際上，經驗豐富的人也許是根據自己的經驗而做這樣的回答。

④打電話

幾乎沒有異性經驗，或者是童貞、處女的人。但是，這是經驗所造成的，並不需要感到煩惱。因為，並不是性經驗豐富的人就了不起。

不過，如果是性經驗相富豐富卻回答是④的人，就有點奇怪。也許是真正對性毫不關心的人。或者多少對異常的性帶有興趣。

第三章　戀愛觀測驗

洞穿愛情的盲點

人是在彼此相愛卻又互相傷害的各種際遇中生活。本章是要探討我們對愛的認識有多少。從測驗的結果，我們才能了解自己未曾體驗過真正的愛。

問26　不能喝你的牛奶！

　你和女朋友二人正在喝牛奶。你已經喝完而抽著煙，她端起自己的杯子到你的跟前說：「要不要喝？」那麼，如果是你會怎麼辦？不過，她現在有點感冒。

①毫無顧忌地喝
②避開其碰口的位置喝
③說「已經喝不下」而不喝
④說「不要」而拒喝

答26　對異性有愛情嗎？

〈解說〉

這個問題是否因為附帶對方有點感冒的條件而感到為難呢？

我們小時候幾乎都有過一群玩伴買可樂回來，輪流著喝或拿起別人吃剩的東西隨口就吃的經驗，不過，隨著成長漸漸對這種行感到排斥，甚至覺得汚穢或粗俗。但是，如果是男女情人情況又有不同。情人之間會共吸同一根香煙或用同一個杯子喝咖啡，藉以確認彼此的愛情。

①毫無顧忌地喝

選擇這項的人是屬於單純速決型。也許是認為既然是男女朋友又何妨，不過，卻也過於草率吧。雖說感冒是萬病之源，聽來顯得小題大作，但是，這個情況若還考慮到確認愛情的問題，未免太無聊了。更何況如果是真的女朋友，應該不會有這樣的要求。可沒有人規定男女朋友必須染患同樣的疾病啊！在此最好憑直覺作答。

②避開其碰口的位置而喝

雖然是溫柔的人其溫柔卻帶有心機。乍看下似乎是顧慮避免抹煞對方的好意，但是，如果顧慮如此周詳就不應該採取這種行動。因為，對方是為了確認對她的愛情，因此，即使你想巧妙地矇混其耳目，終究會被對方拆穿你的心意。有時好意也會被做負面解釋。是否是單純的好人或另有居心，此乃關鍵所在。

③說「已經吃飽了」而不喝

這是巧妙的拒絕法。這種人在公司等組織中也是屬於識時務的俊傑。也許適合從事營業的工作。誠如所謂的謊話也是一種方便，非常擅長避免傷害對方而能恰到好處地把問題處理妥當，處事能力堪稱一流。

但是，如果稍有差錯，亦即謊話露出馬腳時可要倒大楣了。謊話到底是謊話，最好能採取不必撒謊的處理方式。以這個情況而言，對方既是女朋友，最好的方法應該是說出真心話吧。如果你的謊言被最信賴你的女友所拆穿，所獲得的報應可非同小可喔！

④老實說「會傳染感冒」而拒絕

這種人是真正體貼對方而溫柔的人。乍看下顯得過於老實，不過，也許這種人認為在這個時候說謊也於事無補。當然，並不一定要說出可能傳染疾病的理由，只要結果能讓對方信服即可。

其次是拒絕的方式，如果有一個可避免傷害對方的方法，任何方式都無妨。

據說飛行員在用餐方面有其極為有趣的防衛術。駕駛中的兩名飛行員絕對不會同時用餐。因為，如果同時用餐而食物中毒，則飛機就無法操作飛行了。

因此，一般都由其中一名飛行員先吃，數個鐘頭後另一個飛行員再用餐。另外，乘客用餐完畢之後再由飛行員用餐，也是基於同樣的理由。

問27　對挑釁視若無睹嗎？

你和女朋友走在馬路上時被迎面走向前來的體型碩大的小混混找碴說：「你撞到我的肩膀了！」那個小混混抓住你的女朋友說：「如果要你的女朋友就把錢拿出來！」

那麼，你該怎麼辦？

①不分青紅皂白地向對方挑戰
②留下女朋友前去叫警察
③留下女朋友逃走
④大聲地呼叫求援
⑤用金錢解決

答27　男女間糾紛的處理

〈解說〉

這個問題是測驗危機突破力、糾紛處理能力。上述的場面在電影或電視上時有所見，不過，這時多數的男主角都是驍勇善戰，充滿著男子氣概的類型。然而，事實上並不像電影上那麼英勇威風，一旦吵起架來多少也會受點傷吧。本題的問題就在於面對這樣的狀況下剎那間會做何判斷。

①不分青紅皂白地向對方挑戰

這是有勇無謀的人。受到挑撥而不顧一切地迎戰，往往事後會給許多人帶來麻煩。乍看下顯得堅強而勇猛，其實根本看不出其行為的任何根據。鮮少有發生糾紛的經驗，又欠缺處理能力的原因多半是出在其生長的環境。事實上你的態度曖昧不明，因此，一定是聽從經常陪伴在側的某人的建議而下的決定。

②留下女朋友前去叫警察

具有實事求是觀念的你，會先處理糾紛。但是，這種觀念並不正確。有時恐怕會造成為時晚矣的後果。如果仔細思考必會明白其中的利害輕重，這種類型者並不擅長剎那間的判斷。有時這種反應也是莫可奈何，不過，在緊要關頭若不確實地處理妥當，恐怕會落得被女友棄而離去的結果。

③留下女朋友逃走

以自我為本位的你，對任何事只要關係到自身的安全即會迴避，是屬於排斥責任、問題迴避型。因此，根本不可能保護女性。缺乏支持對方精神力的你，還不足以談論婚姻。即使結婚也是不足以信賴的丈夫。

④大聲地呼叫求援

這種男子似乎顯得不中用，其實這才是最有效的方法。既不會離開女朋友的身邊，自己也可以採取避免受到危險的距離。這種人的腦筋相當好。雖然女朋友事後可能責難自己不挺身應戰而向他人求援的膽怯態度，但是，在這個時候最重要的乃是避免彼此受到傷害。這時可不是裝模作樣的時候了。

如果對方在解圍之後還會抱怨，根本沒有在一起的必要吧？

⑤用金錢解決

雖然金錢可以立即解決問題，然而支付金錢之後卻無法保證對方是否會把女友交還給你。極有可能落得人財兩失的惡果。

這種行為未免太過輕率了？即使因而得救，女友會有何反應呢？縱然她嘴裡不說：「我是用金錢交換回來的。」大概也覺得不太舒服吧。

越是有錢的人這種作為越會產生反效果。如果是兩袖清風的窮學生，也許女友還不致於有這樣的反應，不過，紈袴子弟的富家公子哥兒，用金錢解決問題的態度看在任何人眼裡都會感到不快。

問28　你和我的生日

情人的生日到了，打算送他（她）一件生日禮物。在決定贈禮與預算時你會選擇下列那一個方法？

①全部由自己決定
②和情人一起挑選
③預算由自己決定，禮物由對方決定
④預算兩人分攤，禮物由自己決定
⑤預算及禮物都由對方決定

答28　有真正的愛情嗎？

〈解說〉

對於這個問題的反應，男女之間有所不同，不過，根據與目前交往的異性之間的關係還有更大的出入。同時，各年齡層所表現的反應似乎也不盡相同。

①由自己決定

選擇這個答案的人也許和異性交往的時日並不太久吧。或者是因為你尚年輕才會做這個選擇。

不過，似乎有較多的女性選擇這個答案。也許對女性而言為心愛的男友選購禮物的行為並沒有什麼為難。而男性在經驗過數次之後會漸漸覺得有點傻里傻氣，他們大都認為乾脆先問對方的需要再送給對方較為合理。

②和情人一起挑選

這是具有合理觀念又能顧慮對方立場的類型。屬於慎重派，而多少也有隨時揣測他人心態的神經質的一面。目前和異性的關係極為良好，不過，你和對方大概認識不久吧。這個行為已表現了對溝通或肌膚之親的願望。

③預算由自己負責，禮物由對方決定

如果妳是女性大概相當任性。

也唯有這種人當自己是獲贈者時，會斤斤計較禮物的內容。女高中生、女大學生中常見這種類型。當自己送禮物給對方時會叮嚀對方：

「送我禮物時也要問問我想要什麽喔！」

而男性似乎也有許多人作這個回答。不過，這只是為了避免購物的麻煩而已。

④預算由二人均攤，禮物由自己決定

做這個回答的人多半已經結婚或將要結婚的狀態。有關金錢的事由兩人共同決定乃是表示生活的部份也步調一致。二人的關係應該已經接近紅毯的那一端。

⑤預算及禮物都由對方決定

不論男性或女性，大概很少人作這個回答。不過，有少部分的男性可能認為買什麼都好。

但是，有這種觀念的人事實上相當挑剔，雖然全權委由對方決定，一旦在購買的階段卻常會發牢騷。

問29

當她換上內衣時

你和女友二人在飯店裡。她穿著內衣站在你的面前。你走向前去想輕輕地用手搭在她的身上，那麼，你的手會搭在那個位置？

答29　從觸摸行動瞭解愛情度

〈解說〉

根據首先觸摸對方身體的那個部位即可瞭解該人的性格。以這個情況為例，可從而明白對女性的愛情度（體貼心）、對異性的理解力。

一般而言，多半是碰觸對方的手，而手是指肩到指頭的範圍。根據在這個範圍內所觸摸的部位又有不同。手掌或指頭是情侶們在衆人之前也肆無忌憚地碰觸的部位，因此，女性會覺得心安而允許對方觸摸。碰觸手掌的行為乍看下似乎理所當然，也令人覺得可能女性經驗較少，不過，事實卻不然。這乃是充滿對異性的體貼，渴望對方瞭解自己的心態表現。

用手搭在肩或頸上的人，從下一個動作即要擁抱對方即可瞭解，這乃是渴望交談的態度，是表示寬容對方的理解。

碰觸胸部的人會令人以為是色鬼，其實並不完全如此。這個行為是表示對對方的服務，多半是感受他人的喜悅而自己也能獲得快感的類型。不過，根據是從前面或後面碰觸又有不同。從前面碰觸的人是真正理解對方，而從後面的人，則具有強烈的征服慾，這種行為本身就是以自我為本位。

一般而言，注意力越朝向下半身，對性的關心越強烈。突然觸摸局部或臀部的人是屬於速戰速決型，令人覺得索然無味。

雖然是個色鬼，卻能巧妙地控制性的慾求，知道該如何發洩自己慾求的方法。正因為速戰速決型而沒有弊害。

碰觸頭（頭髮）的常令人想像是溫柔而具有寬容的愛情，其實卻不然。各位只要仔細想想必可明白，一般人極度厭惡他人碰觸自己的頭。

尤其是女性的頭髮被認為是女人的生命，因此這種傾向比男性更強烈。而以男性的立場而言，想要碰觸女性的頭髮乃是渴望征服對方的心態表示。所以，當男性碰觸頭髮卻表示順從的女性，乃是接納對方的表示。

問30 這裡正是注目的焦點

左邊的照片是瑪麗蓮夢露主演的電影『七年之癢』的一個鏡頭，如果你變成一隻眼而可四處遊走，你會遊向這張照片的那個地方？請寫在照片之上。

590
Fleurette
Jewelry

答30　具有獨特的構想嗎?

〈解說〉

人變成眼睛乃是屬於SF遊戲的問題，而這裡是基於把實際不可能變成可能的狀況設定，從而瞭解該人的真正面貌。

平常唯有在夢中或幻想世界才能實現絕對不可能的事情。換言之，這當中會出現無意識中的意識。

透過想像的世界，可以瞭解自己所潛伏的意識。

首先請想像當你實際走在這條馬路上的光景。你會把視線朝向何方?這時認為視線會投注在瑪麗蓮夢露的臉或胸部的人，對性漠不關心。

另外，把視線投注在女性（瑪麗蓮夢露）的身體以外的地方的人似乎對性毫不關心，其實是具有異常的性慾。在此只不過是壓抑自我的慾求想要給予掩飾的障眼法。當然，將視線投注在用腳、手掩住的部位的人是屬於一般人。

在這個問題中進一步地假設當人只變成眼睛的狀況，藉由如何應用這個難得的機會也能探討個人構想的柔軟度。

首先，把眼睛描繪在肉也能觀察到的位置的人，可以說腦筋呆板、缺乏柔軟性。構想力越豐富的人應該會想到將眼睛停留在通風口中或瑪麗蓮夢露的內褲中吧？至少也該想到把眼睛位於「她的內褲底下」。

問31　有這種事嗎？

妳現在是站在已經下班的公司裡的電梯內。突然，電梯嘎然而止，妳被關在電梯裡了！電梯中只有妳和妳的男友。這原本是不幸中的大幸，然而妳卻忍不住想上廁所，糟了！如果是妳該怎麼辦？

①盡量忍耐想辦法突圍而出
②找男友商量在該處解決
③只是不停地哭

答31　如何正視現實問題？

〈解說〉

這乃是探討面對緊急狀況時，個人所具備的突圍能力如何的問題，不過，除此之外也有其他重要的探討點。

在情人面前失禁是相當令人可恥的事，不過，我認為這卻是做為探討人性經驗的有效問題。

如果你情非得已必須讓男友看見肛門或糞便時，妳會選擇那一項？對於這個問題據說回答糞便者是處女，回答肛門者是性經驗者，不過，本測驗的準確率更高。

①忍耐

妳是相當虛榮的人。雖然強自忍耐而想盡辦法如何脫圍而出的態度令人可佩，然而如果超過忍耐限度而失禁又該怎麼辦？難道妳想爬到電梯的天花板上嗎？如果能辦得到可真是了不起……。

但是，這裡是根據做何判斷而探討妳的應變能力。忍耐只會背負雙重問題的發生，因此，結果是兩頭落空。在這個狀況下先把問題處理掉才是賢明之策。

②找對方商量就地解決

處理這個問題時首先必須想辦法解決妳的尿意，但是，在情人面前解尿令人感到羞恥。然而膽敢做這個回答，也不難揣測你和情人之間的親密度了。彼此的性關係已相當熟稔吧。我想在性方面應該已達到最高的境界了。

③只是不停地哭

我認為回答②的人較少，而回答③的女性較多吧。這種人對問題的處理能力等於零。再怎麼痛哭流涕也不能解決不上廁所的問題。結果只變成最後必須就地解決的窘態，顯得可憐、可愛的戰術罷了，不過，會讓人覺得幼稚。但是，這乃是因為和情人的性經驗不多所造成的，這也莫可奈何。

問32　紅線的糾葛

一對情侶走在街上。並肩而走的二人手單手相牽，另一隻手各自分離。那麼，如果是你，認為另一隻手呈下面情況中的那一個狀態？

①指頭分開
②手指伸直
③只有食指伸直
④握著拳頭

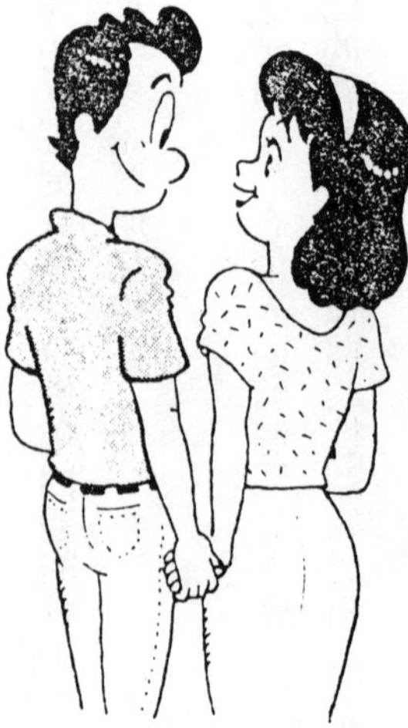

②

①

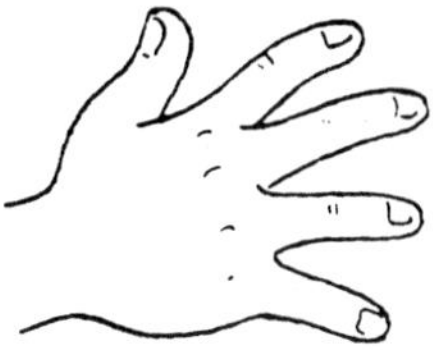

④

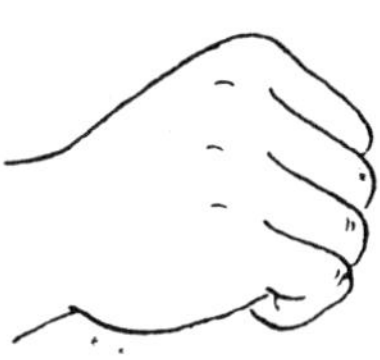

③

答32　探討對對方的關心度

〈解說〉

指頭的動作會表現微妙的心理傾向，尤其是和異性相處時，手的動作最適合探討該人的性關心或愛情度。

這個情況中另一隻沒有相握的手，會具實地表露個人的心態。你也可以實際地注意男友或女友的手的動作而做判斷。

①指頭各自分離

指頭之間空隙較大的人是表示情緒不安定，處於焦躁不安的狀態。因此，身體似乎很容易感到疲憊。但是，也可能是一絲不苟的性格，鉅細靡遺顧慮周全，如果是女性是屬於受異性喜好而勝於同性的類型。

同時，對性極為好奇，也具有單一的男性無法獲得滿足的花花女郎的一面。

這種手型的人如果伸出小指是屬於多情型，若是男性多少帶有歇斯底里的性格，個性執著絕不妥協，從壞處解釋是缺乏融通性。在性方面較為淡泊。對性容易沈淪於技巧的使用，精力稍嫌不足。

②手指伸直

五根手指全部伸直時是表示身體狀況良好。

精神上也處於安定的狀態，如果是男性，是值得倚靠的人。對自己的言行舉止負責，也極受周遭者的信賴。

同時，在性方面具有體力，穩健而安定。

③只伸直食指

有點任性、獨佔慾強的這種類型若是男性，自尊心極高，會因此而造成口角，甚至演變成互毆的危險人物。

如果是女性，是所謂自視甚高的人，不僅是同性也會被異性敬而遠之。在性方面以自我為中心。會自己先進入情況而不在意對方的感受而呼呼大睡。

④握著拳頭

如果對方的手擺出這種姿勢，乃是極度緊張或想向你有所訴求的意識表示。總而言之並非對當時的狀況感到舒適的狀態。最好看成是無時不刻地想著下一個行動較為妥當。

自我主張相當強，不過，似乎具有容易陷入感情用事的一面。性能力較強卻非享受性，而像是使出渾身力氣全力投球的樣子。

問33　危險的電話遊戲

單身貴族的你，有一天接到一通搗蛋電話。對方滿口淫言穢語，然而聲音是你喜歡的類型，剎那間你不知道該怎麼辦。那麼，如果是你，會怎麼辦？

①立即掛斷
②適當地虛應搪塞而享樂其中
③向對方說教
④靜靜聽候而任由對方胡言亂語

答33　具有想像力、好奇心嗎？

〈解說〉

由於電話的交談不會彼此看見對方，因此，和平常講話的態度自然有所不同。即使平時忠厚老實的人在電話中也可能變得大膽。最好的例子是最近又再次流行的電話俱樂部。那是和素昧平生的人利用電話交談的遊戲。

男性可以向打電話過來的女性偽稱自己的容貌或年齡，而根據對方的聲音也可以天馬行空地幻想其容貌，因此，再怎麽缺乏自信的人在這個時候也會變成判若兩人的另一個自己。中年的糟老頭可以變成紳士，滿臉青春痘的學生也能變成林志穎。反過來說，對方也可能變成鍾楚紅或林青霞。

據說在所謂的電話俱樂部裡有許多女性打電話進來。下至中學生上至年老主婦。換言之，渴望體驗電話中冒險的女性為數相當多。不過，有些人在電話交談之後會約在某處見面，可見女性方面也相當積極。

本來聲音就是刺激性的一種要素，女性對男性或男性對女性所做的愛的告白，在性愛方面也是極為重要的因素。即使同一句話語因說法的巧妙與否，給人的印象也大不相同。因為，它既可以成為武器也可能因此而造成分手的導火線。

搗蛋電話多半是為了尋找自慰的對象。多半是無法獨自處理性慾求的男性（不僅是男性吧）。這種類型的男性平常認真老實，在公司等受到壓抑而無法巧妙地發洩其慾求不滿，才會演變成這種行為。

而這個問題的重要關鍵在於對方的聲音是自己喜好的類型，因此，對於搗蛋電話覺得噁心與否也有個人的差異。

①選擇立即掛斷的人　也許是感到厭惡而打算掛斷電話，其實對性的關心度極強。在掛斷電話之後會胡亂想像而逕自煩惱的類型。雖然內心渴望聽對方大開黃腔，卻對自己感到厭惡而已。其實想像力極為豐富，腦海中充滿著非份的妄想。

②適當地虛應搪塞而享受其中的人　對任何事都不會過於認真，會當場解決問題的樂

觀主義者。充滿著冒險心、好奇心，對任何問題都親身體驗的行動派，然而有點輕率，因此常會造成糾紛。但是，不會過於消沉，回復迅速而意志力堅強的人。

③**選擇向對方說的人**　是帶有潔癖的剛愎型。同時，多少也有神經質的一面，動輒會變得歇斯底里。並沒有所謂強烈的正義感或道德觀，完全是以自我本位而採取行動，碰到他人的事情往往置若罔聞。而對性是屬於較關心的類型。

④**選擇握著電話筒讓對方胡言亂語的人**　是不會把感情表露於外，很易被認為是冷酷無情的人，因而常遭受排斥。不過，碰到問題不會感到狼狽而會表現應有的行動，做最小限度的努力。

乍看下雖然顯得冷酷，其實是個心地善良的人。只不過是討厭被他人看穿自己的真心本意而做為掩飾而已。

問34

再脫掉一件吧！

這裡是飯店的客房。穿著內衣的女性對你說「幫我脫一下」。那麼，如果是你，一開始會如何為對方寬衣解帶？

①從前方打開胸罩
②從後方打開胸罩
③從前方脫掉內褲
④從後方脫掉內褲

答34　對異性的體貼

〈解說〉

脫掉女性內衣的行為對男性而言會感受到強烈的性刺激。在美國，據說這彷彿解開禮物的繩帶一樣帶著一份期待感。對男性而言這好比「好戲在後頭」的預告篇，亦即所謂前戲之前的前戲。

在此是將女性的內衣分成上（胸罩）和下（內褲）再根據是從後、前褪去衣物而探討該人的性意識的問題。

①從前面脫掉胸罩

這是一般的回答，不過，從前面脫掉胸罩的行為是渴望做這個動作時能隨時看到對方的臉孔的心態表示，因此，如果對象是女朋友，那麼，你對她的愛情相當深厚。不脫內褲而從胸罩開始動手，也是表示帶有體貼異性的心意。男性對女性身體的關心，據說年紀越小興趣也越往下（下半身）移動。

②從後面脫掉胸罩

從挑選胸罩這一點看來，我認為結果也會反映出年齡或性經驗的差別，不過，如果根據對異性的態度來判斷時，似乎是屬於自我本位的人。從後面脫掉內衣自然看不見對方的臉孔（或從後面觀看），因此，對性行為本身的關心遠比愛情來得強烈。看不看對方的臉孔也有所差別，不過，從後面觀看乃是偏激心態的表現。也許和平常的心理狀態不同或過去曾經發生過什麼特別的事情吧。

③從前面脫掉內褲和④從後面脫掉內褲

當女性被看見赤身露體時，首先會遮掩那個部位?據說美國或歐洲的女性會掩蓋胸部，而東方人似乎多半掩蓋股間。我覺得這和男性的視線也有所關連，不過，誠如前述，對下半身較有興趣的男性，是因為性經驗較貧乏，由此可見東方人對性的意識較低。

言歸正傳，對內褲有興趣乃是表示對性極具關心，不過，其意識尚有未發達之處。換言之，在性愛上會表現出即物主義的傾向。對任何事都有操之過急的跡象。

至於從前或後的問題和胸罩的診斷一樣。因此，回答④的人對性帶有偏激或有變態的異常興趣。

第四章 探討將來性

洞穿常識的盲點

人並不知道自己真正的實力。

本章網羅了形形色色的問題，藉由解答來分析你的未來與現狀。從您的解答中必可發現對您今後漫長人生有益的建議。

問35　背叛者是你嗎？

下面的圖畫是達芬奇著名的『最後的晚餐』。

請依序仔細地觀察坐在基督周圍的人。

那麽，這些人當中是誰背叛了基督？

答35　具有觀察人的能力嗎？

〈解說〉

談話中人的肢體動作會反映當時說話者的性格、心理狀態。

在桌前雙手環抱在胸的人、撐著頭的人、抽煙的人、仰頭而坐的人……各種肢體動作不一而足。

以下一一分析這些動作所代表的涵意。首先，雙手交抱的人多半對談話者的對方不懷好意。是表示對其話題的拒絕。乍看下似乎是在思考，其實腦海中只有「你在說什麽！」的念頭。

撐著頭的人是對自己周遭者的顧慮，或擔心對方如何看待自己時常出現的動作。

這種人常會為一點小事而悶悶不樂。一旦發生問題也難以從挫折中回復的人。

抽香煙的人多半和正在談話的對方處於不睦的狀態。如果在自己談話之前對方已在抽煙，那麼，只要判斷那個人在熄火時的動作是否顯得不自然，就可明白彼此的關係了。

抬頭的人是對你表現出屈服的態度。對於所談的話題自己毫無插足的餘地，因此，是向對方傳達儘早給予拯救的SOS的訊號。

雙手合併著談話的人是處於緊張的狀態，而使肢體動作變得僵硬。譬如，和上司或初次見面的人交談時，常會出現這個動作。

這乃是想認真地向對方談話的意識，非常高昂的表現。

而手掌暴露在對方眼前而談話的人，是屬於開放、社交派的人物。擅長在會議中掌握領導權，直搗對方的心靈深處。

但是，感情的起伏激烈，雖然能迅速地與對方變得親暱，卻也容易生厭。態度易熱易冷。

將手搭在嘴邊說話的人，是屬於內向性格，不太擅長向對方表達自己的真心，因此容易受到誤解。

壓力大的人常有這種類型。很容易造成慾求不滿。

背靠在椅上坐姿邋遢的人是心不在焉，腦筋想著其他的事情。不過，如果是和異性相處的情況，則是性衝動的表現。

不過，有人認為以上的肢體動作純屬個人的癖性，然而所謂的癖性最容易暴露人潛在的慾求，認為是癖性而給予否定的觀念並不正確。正因為是癖性才會暴露原本的性格。

那麽，您的答案對了嗎？是左端的男子。

這幅畫太過著名了，也許幾乎所有的人已經知道答案了吧。

您只要在基督身旁的人中找出唯一帶著漠不關心的表情的人，就可得到解答。

咦？您說如果基督知道這麽一回事必可避開劫難？當然，祂一定是知道的。

人在觀察做出共通動作的景物時，會有將其統合為一個整體印象的傾向，這稱為知覺的「共通命運的要因」。

問36　火柴棒的阿彌陀籤

現在用火柴棒來做阿彌陀籤遊戲。

請從①～⑤中選擇一個自己喜歡的號碼，由上往下循著線路而行。請小心謹慎不要弄錯了。

……那麼，當您到達終點時請回答次頁的問題。

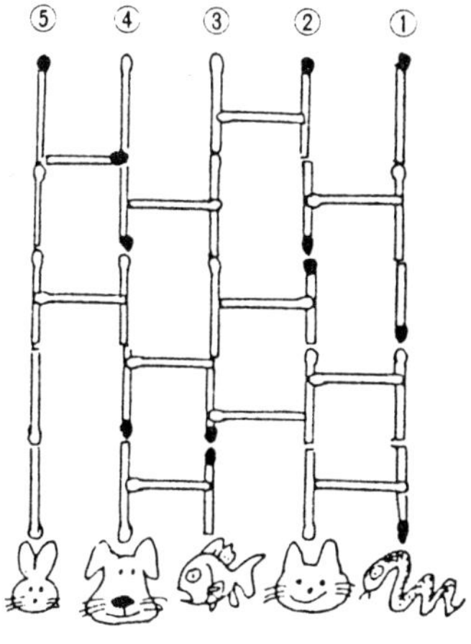

問題來了，請不要看前頁而作答。

＜問題＞你所選擇的起點位置的火柴棒頭是黑色或白色？

答36　行動型或慎重型？

＜解說＞

測驗中火柴棒的插圖有白頭和黑頭兩種。如果察覺到這一點的人應該可以輕易地作答吧。

另一方面，相信有許多人只在意阿彌陀籤的起點與終點，而沒有想到會出這樣的問題吧。當然，本書並非故意整人的謎語遊戲，即使「上當了」也不必感到懊悔。只管把它當成你的性格所造成的結果，冷靜下來閱讀以下的診斷。

(1)無法作答的人

妄下結論的短路型性格。雖然行動迅速，卻常會意外地被扯後腿。同時，也容易受他人的意見所左右。

⑵能夠回答的人

是能沉著穩健地面對問題的熟慮型。處事慎重、擅長搓圓子的事前工作。不過，如果是「已不記得，隨便猜而猜中」的人，仍然是屬於短路型。

附帶一提的是本測驗可以從另一個角度來診斷你的性格，在此附加說明。

〈挑戰型或保守型？〉

⑴選擇①或⑤的起點位置的人

當選擇項目像本測驗一樣橫排成一列時，選擇兩端的項目的人，是自我意識強烈的挑戰類型。

⑵選擇②③④的起點位置的人

根據統計，選擇③，亦即中央位置的人最多。包括其兩側的起點選擇「內側」的選擇項目的人，多半是屬於具有協調性的一般常識型。

人的行動模式有各種類型。心理學家優格將人分成「直覺型」「思考型」「感情型」

「感覺型」等四類。

憑直覺毫不猶豫地揣測未來的動向而行動者是，「直覺」（Intuition）。

幾番思索、分析、判斷而行動的是「思考型」（Thinking）。

喜厭、好惡、美醜等隨當時的情緒或感情而決定行為的，是「感情型」（Feeling ）。

對現狀據實地接受而採取單純的行動的，是「感覺型」（Sensation）。而對於①～⑤的起點的選法也可看出選擇者的心理傾向。不論是阿彌陀籤或行列的併排方式都一樣，一般人較不會選擇左右兩端，而常會選擇中央的項目。選擇中央的人佔居百分之七十，選擇左右兩端的佔百分之三十。

不過，如果是洗手間裡有五個廁所併排在一起的情況，不知何故選擇兩端位置的人最多。而男性較常選擇遠離出入口的邊角廁所。

問37　手無處可放

你現在正開著車。筆直地飛馳在高速公路上，因此，你只用單手駕駛，另外一隻手想放在某個地方。那麽，如果是你會怎麽做？請從下面的項目中選擇。

①為了集中精神開車，把手搭在方向盤上
②用手撫摸頭髮
③放在膝蓋上
④插進臀部的口袋

答37　探討潛在意識

〈解說〉

不僅是問題中所設的狀況，手所擺放的位置常會暴露該人的潛在願望。根據手所放的位置即可瞭解當事者目前的心理狀態。

選擇①的人

本題的情況是在駕駛中，因此，一般應該會將手放在方向盤上，不過，這裡的問題是如何暴露無意識中的行動，因此，回答①的人可以判斷是經常握住方向盤的人。

這種類型者總是畏懼著什麼一樣，顯得戰戰兢兢。其中有多數人過去曾經有過被欺侮的經驗，不擅長表現自己而被他人趁虛而入。

這種類型者對性愛有強烈的拒絕反應，在戀愛中是屬於渴望精神之愛而勝於肉體滿足的柏拉圖式型。是重視純潔的感情而培育愛的人。

選擇②的人

如果是女性我想多半會將手搭在頭上，而這種人大部分對自己缺乏自信或目前有精神上的煩惱。是無法解決問題的人。對知性事物帶有強烈的關心，多半從事與學問、電腦相關的工作者。

選擇③的人

手放在下半身的人一般而言對性極為關心，尤其手放在大腿內側乃是性慾求不滿極為強烈的時候。這種人喜歡性的幻想，獨處時常會有這類的想像。當然，非常喜歡性愛。

另外，放在該位置的手如果是右手（慣用的手）是相當好性的人物。充滿著好奇心、冒險心，凡事都必須用自己的眼睛給予確認的類型，以在媒體界工作或運動選手為多。

選擇④的人

手同樣放在下半身卻繞在身體後方的人，是屬於同性愛型。如果是女性是女同性戀者，男性則是男同性戀者，而這種類型似乎對知性事物極具關心，知識豐富、是擅長說話也擅長聽話的人。同時，美的品味極為獨特，會表現獨創性的流行。對美術、服飾、美容等有其獨到的專長，多半是從事細緻職業的人。

問38　廁所的憂鬱

坐在電車的途中忍不住想要上廁所，因此，不得已中途下車跑進廁所。

這個車站的廁所有三間，而傷腦筋的是各個都處於無法使用的狀態（狀態是①～③）。如果是你該怎麼辦？

①沒有紙張，便器內塞滿了穢物

②門上貼有故障中的告示

③紙張雖有便座已壞掉

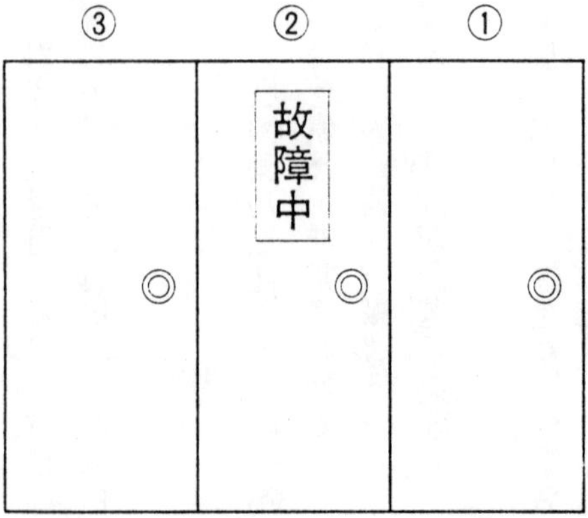

答38　具有好奇心、創意嗎？

〈解說〉

突然產生尿意（或便意）乃是一種生理現象，很難以意志力給予暫停。在公司或家裡根本不必煩惱，但是，走在馬路上或置身陌生的環境時，光是尋找廁所可要大費周章。

不論男女都可能碰到這種經驗，不過，如果是男性若要小解總有辦法解決。而女性則不能如法泡製。而且，多數的女性即使到車站的廁所也會因便器骯髒而感到畏縮。

本問題就是基於這樣的條件設定探討人會採取什麼樣的行動。

處於窘迫狀態時是否能迅速地找到解決之道？這個問題的目的就是要判斷你是否具備卓越的突圍解困的能力。

廁所變成①～③的狀態都難以使用，因此，人直覺地會找尋其他的廁所。但是，一般的車站並沒有那麼多廁所可供使用。更何況在尋找的過程中恐怕會發生失禁而難以處理的窘狀。所以，選擇另尋他廁的方法並不是好的判斷。

單純地迴避困境有時可能是正確的，而這個場合則另當別論。有這種想法的人多半在發生某種問題時，不做深思熟慮而立即妄下結論。從壞處解釋是當場虛應搪塞，而事後慘遭重創的人。

而這個問題的盲點是①到③指的是這三個廁所的狀態而非選擇項目。沒有察覺這一點就選擇①或認定只能選擇③的人，是屬於輕率型。

最好的答案是從③的廁所拿來衛生紙，而使用①廁所的方法。看過問題後立即想到這個答案的人具有敏銳的觀察力。同時，也具備解決問題的卓越能力。也許是根據經驗而做的回答吧⋯。

除此之外也許有人想到打開寫著「故障中」的②的廁所吧。有這種想法的人具有強烈的冒險心、好奇心，也具備卓越的創意。因為，光看「故障中」這張告示並不知道是什麼地方發生問題。也許根據故障的情況還可以使用，或者根本沒有任何故障。這種人對任何事都會用自己的眼睛給予確認，再採取行動。

問39　正中央的是誰？

你和你的男友、你的朋友（若是男性則是女友和她的朋友）三個人一起拍照片。如果是你，拍照時會採取何種排列法？請從A、B、C中做選擇。

A

B

C

答39　你是自我主張型嗎？

〈解說〉

排列方式很容易暴露人的性格。尤其是照片或電視等有對象的情況尤為顯著。

日本前首相中曾根康弘在擔任總理大臣時，對於排列的方式非常挑剔。他參與先進國家高峰會議時，特地站在美國前總統雷根的身旁，就是其中一例。

這乃是無意識中渴望向他人傳達自己的身分地位所表現的動作。換言之，是一種自我主張的表示。

A　選擇自己的男友夾在自己和朋友之間位置的人

這是渴望共有正中央的人（這時是自己的男友）和另一個人（這時是朋友）的心態表示。雖然也顧慮朋友，基本上較重視位於正中央的男友。具有體貼之心，卻也會顧及自己的權益。

B　選擇朋友夾在自己和男友之間位置的人

是相當體貼的人，同時，和男友之間具有強烈的信賴關係。相反地，夾在朋友的情侶之間的人是嫉妒心強、具攻擊性又不服輸的性格。多數人都是半開玩笑地站在情侶的中間，不過，這種人幾乎在無意識中已萌生嫉妒心。

C　選擇自己夾在中間位置的人

這是渴望博得自己左、右邊者的好感的心態表示。同時，也希望隨時成為話題的中心人物。在這三張照片中自我主張慾最強。政治家或演藝圈人士常見這種類型。

問40　令你更具魅力的眼鏡

下圖的女性的視力是0・2，她不知今後是否該戴眼鏡。如果是你，會建議她戴那一種眼鏡？請從下面做選擇。

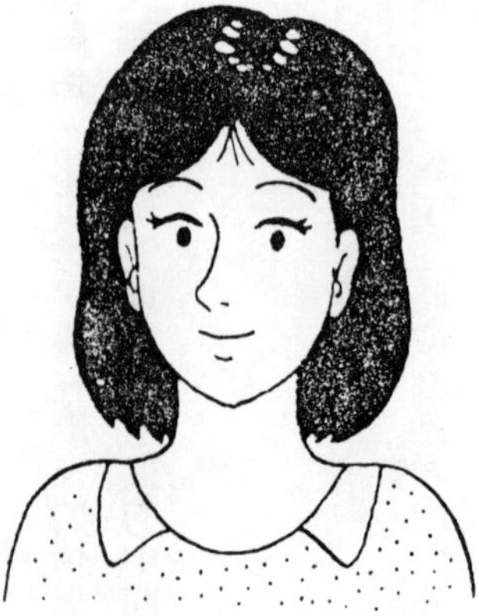

①

②

③

答40　探討你的變身願望。

〈解說〉

我們經常看見演藝圈人士不分場合而戴太陽眼鏡，這乃是刻意改變自己臉孔印象的努力。

影視明星戴太陽眼鏡，基本上是為了避免走在馬路上被衆人察覺而引起騷動，而實際上平常的眼鏡比太陽眼鏡較具效果。

這乃是因為現今的演藝圈人士在私生活上戴太陽眼鏡幾乎已成一種習慣，但是，腦筋真正靈巧的明星，往往不化妝而只戴一般的眼鏡。人的臉孔稍微動一下手腳即會改變給人的印象。

不僅是演藝圈人士的例子，一般的人若想改變自己的形象似乎也都從眼睛開始。女性會利用眼線或眼影等改頭換面。

據說多數前去整型美容的患者常有眼睛方面的煩惱。

而戴太陽眼鏡的最大效果乃在於能掩飾眼睛這一點。懦弱而神經質的人可以藉掩飾自己性格上的弱點，而眼睛細小的人也能隱藏這個缺點。

同樣地，利用普通的眼鏡也具有改變印象的效果。

首先，如①戴比臉孔較大的眼鏡，會使整張臉帶著喜感。喜劇演員或相聲業者常戴這種類型的眼鏡。

這種類型的眼鏡也具有表現稚氣的效果。多少能掩飾自己的年齡。

除此之外，臉孔輪廓較大的人戴這種類型的眼鏡會使臉孔變小。相反地，輪廓較小的人最好配戴比臉孔還小的眼鏡。

而②之類鏡框外緣尖銳的眼鏡顯得有點歇斯底里，卻能產生性魅力。

因此顯得較為成熟、老練。

同時，略帶有陰沉的味道，也許較不適合從事活潑行業的人。戴這種類型的眼鏡多半是擔任事務工作者。

③的方形眼鏡能表現知性感，具有顯得剛強的效果。

電影『超人』中的克拉克‧肯特所戴的也是和這種同款式的眼鏡。我們在電影上也經常看見擔任新聞記者或學者等知性工作的人，常配戴這種眼鏡。

由此可見，不必改變眼睛的外貌而能刷新自己臉孔的整體印象的，就是眼鏡。在您只因為不滿意自己的眼睛而動整型手術之前，似乎還有稍做考慮的餘地吧。

不要因為視力減弱而隨意選擇眼鏡，應斟酌自己的臉型或性格精挑細選，一定會產生意想不到的效果。

問41　確認不明的物體！

黑暗中只看見兩個光圈。那麼，這是什麼？

請寫下最先浮現在腦海上的答案。

答41　心理狀態的投影

〈解說〉

這個測驗是，根據從某個事物聯想到或認知到另一個東西，以探討該人深層心理的狀態。

你對黑暗中兩個發亮的圓做何認知呢？根據你目前的精神狀態、心理狀態，對這兩個發光的物體會有不同的想像。

譬如，聯想到汽車的車頭燈或街燈的人，是屬於常識型，鮮少有出軌行徑的人。構想也屬於一般性，是浪漫主義者。或者也可以說是現在正憧憬著某種童話風情或浪漫情調。

聯想到是動物閃閃發亮的眼睛的人，具有強迫觀念，可能處於焦躁不安或憂慮的狀態吧。

聯想到UFO（幽浮、飛碟）的人是超現實主義者，現在具有渴望從混沌的人間社會中脫逃而出的慾求，這個慾求期待藉由宇宙出現UFO以獲得滿足。

有許多人實際看過UFO，而根據心理學的立場來解釋，這也是屬於集團救濟願望的一種。

當整體社會處於不安或絕望的狀況時，人們的心理會產生期待從宇宙出現某種東西給予拯救的集團救濟願望，因此，當發現天空上有某種曖昧不明形的體時，就以為那就是UFO。

同時，人看見圓形物體在精神上會獲得安適，有一說認為指稱自己看見UFO的多數人，乃是自己所抱持的救濟願望投影在天空中，而以為那就是UFO。

當看見某種曖昧不明的形體或模糊不淸的圖畫時，根據觀看者的體驗或內心的期待所聯想的事物，會呈現各種不同的變化。

問42　SOS！拯救那一個？

一棟六層樓高的公寓發生火災，身為消防隊員的你，趕到現場時整棟大樓已籠罩在火燄與濃霧中。抬頭一看被困在火海中的三個住民正伸手呼叫求援。

然而你卻不知所措。從火勢看來似乎沒有全部給予拯救的時間。第一個人可保證獲救，而第二個人、第三個人則缺乏把握，該怎麼辦……。總而言之，你在心中已決定了首先拯救其中一人的性命。

喔，我忘了一件重要的事情。這棟公寓是消防隊員的宿舍。呼叫求援的住民中有一人其實乃是你的家人，請以這個前提為考慮……。

答42　工作派或家庭派

〈解說〉

儘可能拯救所有的人……任何人都希望皆大歡喜吧，不過，如果在緊迫狀況下不得已狠下心腸來做挑選時，你所排列的第一個順位到底是誰？從道理而言，首先應該把電梯架在最高處或最低處，然後依序拯救待援之人……。

(1)選擇4樓的貌美主婦的人

從選擇正符合「救人在急」這個「道理」的樓層來看，你應該是屬於工作優先於家庭的類型。而以這個堂而皇之的理由挑選年輕貌美的主婦，在正常的動機之內也隱藏有你的「狡猾」。

(2)選擇5樓的男孩的人

任何事都以我的孩子（也許吧）為優先的你，是屬於家庭型。即使在現實生活中因工作忙碌而鮮少顧及家庭，潛在性地對家庭的關心度也相當高。

(3)選擇6樓的孕婦的人

這是在工作與家庭中取得協調的類型。和選擇4樓一樣「通情達理」的態度會在工作上表現出積極性，而另一方面以孕婦為優先給予拯救，也正表示對家庭的顧慮。

(4)不搭樓梯救人的人

咦？您認為在火災現場搭樓梯救人太危險而把問題PASS？

原來如此，這倒也理直氣壯。不過，在您搬弄這些歪理時可能大家都已葬身火窟了。

……因此，毫不顧慮家庭的你，是十足的工作狂。

這個測驗是根據想要拯救的人物的順位而探討該人的道德觀、倫理度。

首先拯救陷入自己無法突圍而出狀態的人，所具有的道德觀相當高。而把注意力放在穿著孕婦裝的主婦，想像其腹中還有另一個生命的人，是尊重人性的道德人。

問43　汽車旅館的迷路

你和女友開著車兜風。途中繞到汽車旅館，把車停在停車場。如果是你，會選擇那個位置停車？（你的車是國產車）

①靠近商店入口的場所
②外國車的旁邊
③旁邊沒有停車的場所
④靠近停車場的入口

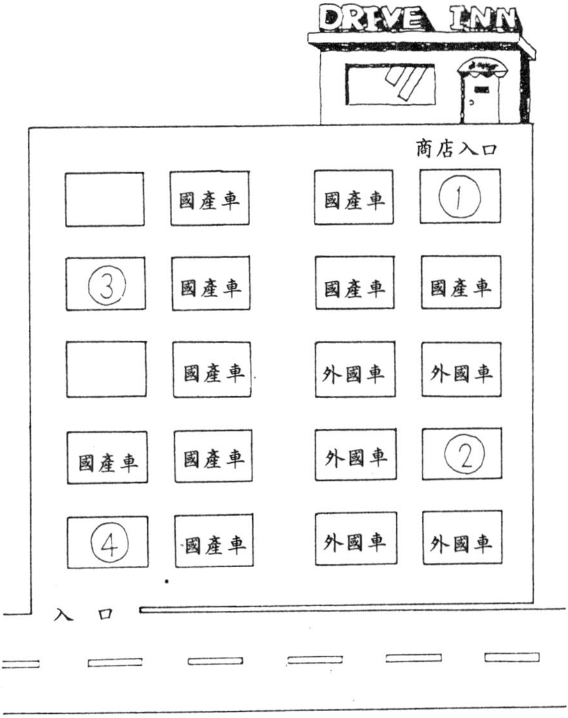
DRIVE INN
商店入口
國產車
國產車
①
③
國產車
國產車
國產車
國產車
外國車
外國車
國產車
國產車
外國車
②
④
國產車
外國車
外國車
入　口

答43　認識你的將來性、計劃性

〈解說〉

請在腦中想像讓女朋友坐在助手席上去兜風的情景。首先必須有體貼對方的心情。而女友坐在身旁自然會觀察自己的一舉一動，絕對不可顯得笨手笨腳。必須同時顧慮到在對方面前如何表現自己以及對方的立場而做判斷。

實際擁有汽車的人，不妨回想平常的狀況而設身處地的去思考吧。

①選擇商店入口位置的人

會體貼女性而且能合理地思考事物。這種人具有體貼心，懂得縮短汽車與商店之間的距離，以減少女性的心理負擔，同時這也是使自己落得輕鬆的絕好場所。

不過，這個位置也是任何人都想停車的地方，因此，必須也能考慮到混雜時可能讓其他車先行的善後問題。

看這張圖表立即選擇①的人極為優秀，也許早已想到事後可能發生的各種狀況，是不必令人擔心的人。

②選擇在外國車旁邊的人

是十足的自信家。毫不在意自己的車是國產車，堂而皇之地停在外國車旁，是一般懦弱的男子無法辦到的行為。對女性也是帶頭領導的類型。

但是，選擇②的人中有些人是直覺反應，而有些人則是猶豫之後才做的決定。後者其實具有相當的自卑感，只是為了向對方表現自己充滿著自信而選擇這個場所。

因此，實際的你和在女友面前的你，有極大的出入，這種類型的人很容易積蓄壓力，因此最好找到尋求發洩的方法。

③選擇旁邊沒有停車的人

不但對駕駛缺乏自信也具有自卑感。乍看下也許因為旁邊沒有停車在搭乘上較為方便，不過，這乃是在他人面前顯得畏畏縮縮的表示。不論任何場合都選擇最為簡便的途徑，常有曖昧不明的態度。不但必須磨練自己的開車技術，也要做精神的修養。

④選擇停車場入口位置的人

是速戰速決型。我想有不少人毫不猶豫地會選擇這個場所。在汽車旅館等停車場一找到空位，如果不立即停車往往會被其他汽車搶先。從這一點看來也許是這種經驗極為豐富的人。但是，行動卻過於草率單純。這個場所離商店入口距離最遠，因此，應該稍微繞轉一下選擇較好的位置。

人的性格中有許多從該人的舉止行動中也無法理解之處，不過，對場所的選擇方式往往會表現出性格或無意識中人際關係的願望。

問44　辦公室戀情的結局？

現在公司裡只有你和情人兩個人。在不必擔心別人會回來的狀態下，他（或她）向你求愛。那麼，你會選擇下面那個場所做愛呢？

①離開公司在飯店
②在辦公桌
③在廁所
④在電梯

答44　具有行動力、計劃性嗎？

〈解說〉

有些人認為性是一種想像的遊戲，這句話一點也不錯。若要使彼此相愛的行為更為完美，想像的部份佔相當重要的地位。因此，性才符合心理遊戲之名。

這個說詞也許有些誇張，不過，事實上所謂性的快感與其外在的刺激，無非是內在的挑逗較令人感受深刻。

這個問題乃是詢問對這種刺激做何反應，從而探討對性的關心度、好奇心或研究心的有無。

在自己的公司做愛。對這個行為，根據是否將私生活與工作畫分清楚的人而有不同的答案吧。

選擇在飯店的人，公私極為分明，選擇辦公桌者，是公私混合型。除此之外，是追求刺激型。

①離開公司在飯店做愛

選擇這個項目的人是典型的安全志向型。雖然各種條件具備，卻仍然選擇飯店的想法稍難苟同。雖然不把公私混為一談頗見廉明，然而這時是由對方主動求愛，實在不可錯失良機。離開公司到外面乃是一種逃避行為。如此並無法滿足對方的需要。

即使剛開始達成對方所願，卻無法持久。也許必須揣測各種技巧並給予磨練。

②在辦公桌上做愛

這是最普通的人，不過，比在飯店行事的人較有性經驗。同時，也熟悉與女性相處之道。

辦公桌乃是平常處理公務的場所，因此，做愛之後的翌日到公司上班也令人感到刺激。也能因兩人共有的秘密而加深彼此的愛情。

另外，如果辦公桌是自己的，屬於普通型，若是上司或社長的辦公桌則又有另一番含意。這應該解釋為出人頭地的願望而非對上司的洩恨吧。

③在廁所做愛

有人懷疑竟然會有人選擇帶有臭味的場所，不過，在認識對性的關心度上氣味扮演著極為重要的角色。這時如果氣味越強烈即表示對性越關心。因此，問題乃在於廁所的位置。譬如，回答是在便器上的人，是相當好性者。若在密室或有響聲的場所，可以說是對性具有敏銳想像力的人。如果想像是在自己平常使用的場所的人，屬於普通型，而選擇對方所使用的廁所的人，具有強烈的好奇心與冒險心。

④在電梯內做愛

據說最近美國相當流行在電梯內做愛，這是千真萬確的事情。在密閉的電梯內唯獨男女二人，電梯的震動，隨時可能有他人闖進來的刺激感。真不愧是性愛先進國，所作所為到底是高人一等。

如果你選擇這個答案可說是走在時代尖端的人。想像力也極為豐富。是典型的追求刺激型。但是，缺點是凡事都有自虐的傾向，也有可能變成破滅型的人，應特別注意。

問45　如何在飯店表現得宜

你和女友二人決定投宿飯店。當你向飯店的櫃台詢問：「還有空房嗎？」據說空房只剩三間。你身上只帶有現金五千元。那麼，你會選擇那個房間？

①位於最上層、鳥瞰最好，住宿費是五千元

②位在中央的層樓，住宿費是三千元

③位在樓下，住宿費是一千元

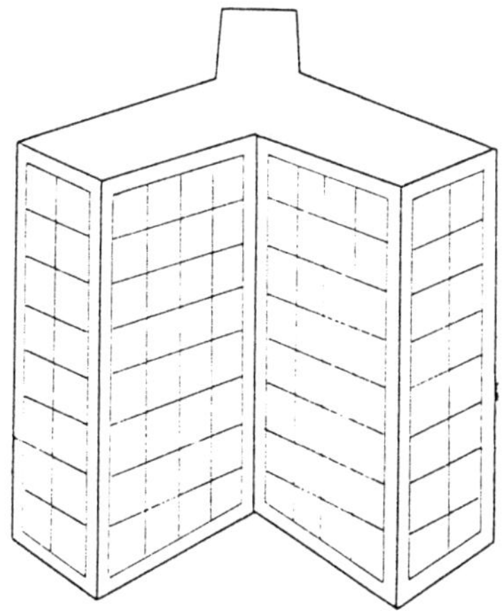

答45　探討金錢觀、計劃性

〈解說〉

人的金錢觀隨其收入與成長的環境而有所不同，但是，與異性相處時會產生變化。

如果是自己購買自己的物品，任何人都會毫不猶豫地依平常的習慣付款，然而如果有女友在旁，就會有愛慕虛榮或佯裝闊氣的表現。

結果事後常有暗自懊悔不已的情況！

選擇①的人

相當愛慕虛榮、快樂主義者。以為住宿在鳥瞰最好的房間會令女友感到歡喜，事實情況又如何呢？

把身上所有的錢花費殆盡的結果將會如何？如果想到事有萬一，應該不會採取這樣的行動。也許有人認為情急下可以向女友借錢，然而一旦發生這樣的情況，你的信用將一敗塗地。當女友察覺你毫無計劃性後，恐怕要對你說BYE-BYE了。

選擇②的人

是堅實派類型。不但有計劃性，也具有體貼他人之心。懂得如何與女性相處，是經驗豐富的花花公子。

腦海中隨時精打細算自己錢包裡有幾兩重，而適度花費的人。然而卻非吝嗇小氣，在必要的時候會一擲千金，令衆人感到驚訝不已。

但是，即使這樣的場合也是精打細算後的結果所做的判斷，因此，絕對不會有所動容，不論處在任何狀況都能氣定神閒地冷靜處之。

即使視野並不好，卻可以利用所剩餘的金錢獲得房間服務，這乃是截長補短的想法。

選擇③的人

相當吝嗇。以為一旦進入房間根本不必在意置身何處，或想要找一處視野較佳的場所，其間觀念上的不同會有決定性的差異。女性的性感很容易受視覺上的要素所左右，根據自己目前所處的狀態或置身何處，會完全地改變心情。

如果你具備操縱女性心態的能力，倒無所謂，然而這種類型的人多半是欠缺奉獻自己的態度，因此，大概也缺乏掌握女人心的能力。

第五章

深層心理測驗

洞穿心理盲點

人對自己一無所知。本章將要告訴讀者各位所渴望知道的真正性格。藉由發現隱藏在內心深處真正的自己，才能以嶄新的心情再踏出人生的另一個起點。

問46　舒適的椅子

這是由上往下看的一張寬敞舒適、兩側有把手的椅子。若是你，會如何坐在這張椅上？

請根據你平常所坐的姿勢用一個大圓代表你的臀部，畫在這張椅上。

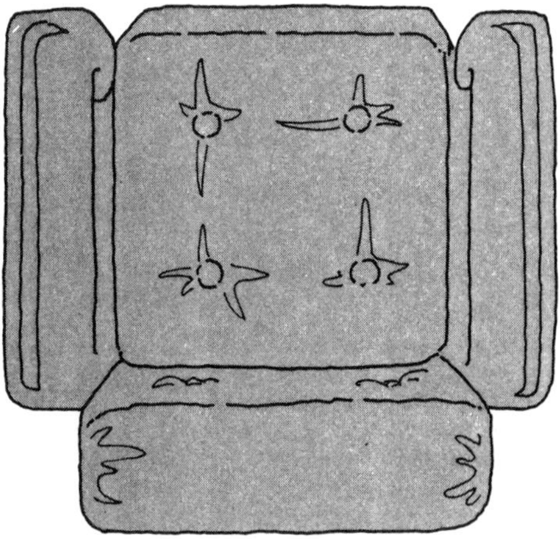

答46　具有責任感、行動力嗎？

〈解說〉

這個測驗是要探討你的行動與責任感。根據實際填在椅子上的位置，即可暴露你的性格。

同時，如果能一併考慮所坐的場所與採取的姿勢，則會更清楚瞭解自己性格。坐在椅前方蹺起腿、雙手交抱、手搭在膝蓋上等等，在這數個姿勢當中若有與你的習性接近者，不妨做為參考。

坐姿也會表現個人的行動力或責任感。不過，這會因場合而有所不同。因此，這一次請您想想是在什麼樣的場合而作答。

另外，當你看到某人的姿勢而想揣測對方的心理狀態時，最好也考慮當場的狀況而做判斷。我認為根據前後狀況或與對方之間的關係，再進行分析較能清楚瞭解。

淺坐在椅子前端的情況

這是充滿著善意的人。隨時不忘對方的立場。

但是，處處顧慮周全會使自己疲憊不堪。也許常有吃虧受損的情況。

另外，也稍欠自主性。消極的態度可以說是其缺點。

不過，適合從事推銷員或服務業的工作。是可以在職場、營業處提高信用的人。

應當注意的是戀愛、性愛方面的問題。你的懦弱性格會刺激年長女性的母性本能，因此，會使這些人對你產生好感或受其倚賴。而問題乃在於你如何與他們接觸、應對。

如果稍不謹慎，恐怕會造成悽慘的結果。最好平常小心留意，不要暴露自己懦弱的一面。

深坐在椅上的情況

熱情、行動力超群的你，不論做任何事都希望以自我為中心。對於自己所決定的事情會負起責任給予完成，然而他人所指派的工作常會中途停擺。

在戀愛、性愛方面極為大膽。不會顧慮時間與場合，在渴望做愛時極希望以喜歡的體位達成願望，可謂率「性」自為。完全無視於對方女性處於何種狀況。

但是，具有男性氣概、責任感也強，因此，在職場上深獲上司的信任，是屬於平步青雲的類型。

張開雙腳而坐的情況

不論任何場合只要有他人在場，會顯得開朗而活潑的人。但是，獨處時則又感到寂寞與孤獨。也許平常的熱鬧活潑其實有它的另一面吧。

性格上帶有一點爛好人的傾向，感情脆弱、容易感動，因此，常被虛情假意的人趁虛而入。

在戀愛方面屬於較無波折、糾紛的類型，不過，有時會有不顧前後一頭栽進的傾向。

在工作方面略帶有故步自封的傾向，可能被周遭人排斥。

蹺腳而坐的情況

自我顯示慾非常強烈的人。是屬於速戰速決型，會大肆張揚自己的觀念或主張。

但是，即使刻意地為自己的一切做說明，卻往往變成自以為是的論斷。應該不急不躁地傾聽他人的意見再申述己見。

理想高、渴望從平凡的生活中超脫。但是，卻非夢想家而具有實行力，可謂劍及履及的人。在緊要關頭是最值得信賴的類型。

雙手搭在膝蓋上而坐的情況

具有獨特的思考力。富有獨創性、應用力，因此，適合從事與電視、雜誌相關的工作。

也許很難獲得他人的理解，卻屬於日久見人心的類型。如果能把超前一步的腦力稍微退後半步，也許人際關係會較為和順。

不過，是生活在幻想世界的人，千萬注意不要行之過度。

問47

今天所要搭的橋

你是左圖A市的市議員。

這個都市不但商店街不發達，距離鐵路車站遙遠又缺乏文化設施。總而言之，是住起來不太方便的都市。

在地圖上用三條點線貫穿在橋面上的是目前打算興建的橋樑預定地。不論實現那一個方案都可以使河川兩岸的往來變得方便。不過，目前尚未決定採用那個方案。

如果是你，會贊成把橋搭在①②③中的那一個位置？

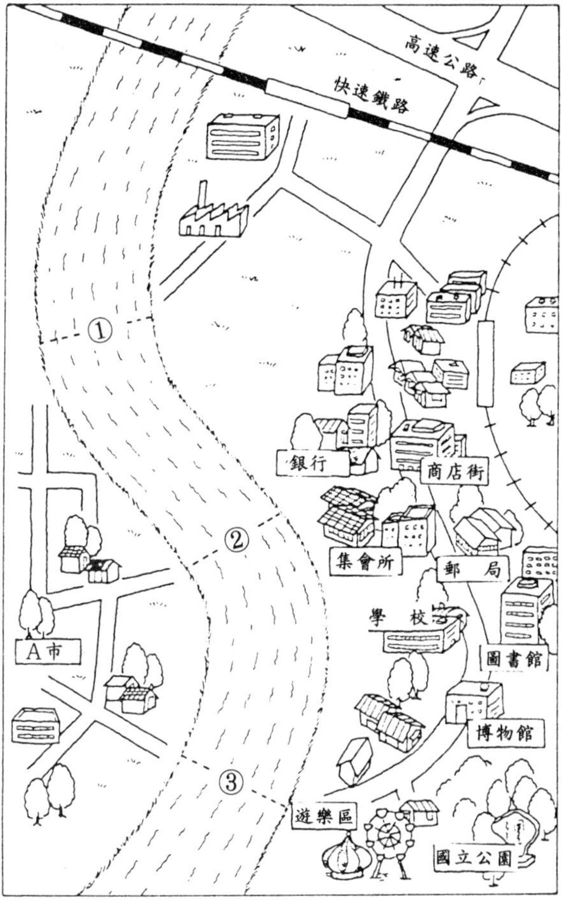
高速公路
快速鐵路
①
②
③
銀行
商店街
集會所
郵　局
學　校
圖書館
博物館
A市
遊樂區
國立公園

答47　滿足現狀嗎？

〈解說〉

美國汽車大廠商克萊斯勒的艾科卡會長，在自己的傳記中提到：「心理學才是教導我們在商業界與惡人對搏的智慧型武器。」人在緊要關頭所表現的行動或無意識所選擇的事物中會暴露該人所真正追求者。

這個測驗也是根據你所挑選的橋樑而瞭解你的性格。

人具有對自己最期待、憧憬的事物給予優先考慮的傾向。這個測驗就是利用人的這種心理，探討你對目前的生活帶有多少的不滿或感到滿足。

選擇①的橋樑的人

這座橋樑的前端是快速鐵路、高速公路……其中配置著許多暗示與這個地圖以外的世界（主要是大都市）銜接的要素。選擇這座橋的你，對自己目前所處的環境——職業、住家等並非以現狀來充實，而是渴望突然地跳到另一個世界的現狀不滿型，心中充滿著「逃脫願望」。

選擇②橋樑的人

這座橋樑的前端是商店街、集會所、郵局、銀行、寺廟……等，具備許多與日常生活關係密切的實質要素。選擇這座橋的你，自己經常處於現在的位置，而靜靜地等候幸運從對岸迎向前來的類型。這正意味著你對目前的生活感到某種程度的滿足。換言之，是現狀滿足型。

選擇③的橋樑的人

這座橋樑的前端是學校、圖書館、遊樂區、博物館，再往裡側是國立公園……具備許多滿足文化層面願望的要素。選擇這座橋的你，和①是屬於另一種層次的「現實逃避型」。換言之，渴望從內在改變自己，發現嶄新自己的「內向脫逃願望型」。

另外，若以都市派、鄉村派來區分，是屬於鄉村志向型。並不適合都市生活的人，因此，和①一樣對現狀的不滿度極高。

問48　六輛車六種顏色

這裡有六輛汽車。如果你要搭車，你想搭乘左邊六種顏色中的那一輛汽車？

①紅
②黃
③綠
④藍
⑤灰
⑥白

①

②

③

④

⑤

⑥

答48　從顏色的喜好了解性格

〈解說〉

在號稱汽車王國的日本。據說從前汽車顏色最多的是灰色。但是，最近選擇白色車的人越來越多。一般而言，紅色車過於醒目，而實際上因超速或違規停車被警方逮捕的車中以紅色車所佔的比率最多。

另外，日本的計程車以地區來做區別時，東京多半是紅、橙、綠色，大阪則以黑色車居多。據說大阪的黑色車是源自關西人特有的堅實性。因為，不論是商用車或公用車甚至自用車都可以使用這個顏色。

而名古屋的計程車據說以藍色系居多。從汽車顏色也有地區性的差別，即可看出對顏色的喜好本身也能暴露性格。

選擇①紅色的人……選擇精力充沛的紅色的人喜好華麗的流行服飾。極端厭惡自己顯得比實際年齡老，不論在任何場合都渴望引人注目。因此，很容易成為周遭人所仰慕的對象，然而也常被嫉恨。但是，當事者卻毫不在意，這種性格也許是其長處。開車的技巧雖高明卻會乘興超速開車，對於長距離的開車可要特別小心！

選擇②黃色的人……凡事都自己決定並實行的類型。討厭受他人指使或命令。在戀愛方面也積極主動，毫不猶豫地力排眾議而達成自己願望的人。

但是，由於欠缺與他人相處的協調性而糾紛不斷。開車也是一樣，如果不重視開車規則恐怕會遭遇嚴重的傷害。是經常獨自開車到海邊的駕駛。

選擇③綠色的人……容易受感情左右、精神面稍不穩定，容易焦躁不安、悶悶不樂的類型。駕駛中如果和其他駕駛員衝突，會立即感情用事，因此千萬注意手握著方向盤時要保持冷靜。另外，也有羅曼蒂克的一面，常會沉醉於夢想中，而忽視燈號或造成追撞的情況，應特別注意。

選擇④藍色的人……充滿著體貼之心，與生俱有聰明、敏銳的腦筋，因此很容易被人以為是冷淡。開車顯得氣派非凡、膽識也大。

但是，卻具備豐富的開車技巧，絕不會胡亂駕駛。選車也重視個性，不喜歡搭乘所謂的大衆車。即使是女性也具備成為賽車高手的能力。

選擇⑤灰色的人……是屬於較含蓄的類型，討厭過於激烈的事物，沉靜安閒能博得衆人的好感。對自己的駕駛缺乏自信，寧願坐在助手席上。

處理事物按部就班、小心謹慎，如果是女性應該可以成為理想的妻子。希望能以重視自己丈夫的心情來享受開車的樂趣。

選擇⑥白色的人……白色可以和任何顏色搭配，同樣地，搭乘白色車的人也能和任何性格的人相處得宜，具有強烈的順應性，不過，往往會因此而表現模稜兩可的態度，具有避重就輕、虛應搪塞的傾向。

駕駛以安全為第一，不會刻意表現自己的個性。但是，觀念上卻相當進步。前去兜風的場所極為健康，不是山就是海。

問49

如果不是鱷魚……

某出版社為了與暢銷排行榜的鱷魚文庫互別瞄頭，決定發行新的文庫系列。在會議席上將票選下面四種標幟中的一種做為註冊商標，如果是你，會投那個標幟一票呢？

答49　你的內心感到不安嗎？

〈解說〉

這個測驗是根據挑選那一種動物而探討您目前的心理狀態。

據說在經濟不景氣的時代、不安的世局，人對動物的注意力會增強。

以日本一九六四年前後的經濟不景氣時代為例，在流行服飾上也多量採用動物的設計。

我想如果有一家公司進行調查，採用動物設計的公司的創立年月日（或採用動物設計的年月日），一定會發現極為有趣的結果。

想以動物做為設計圖樣和渴望獲得安全感，或回復到幼兒期的願望有所關係。

當感不安或情緒消沉時和動物親近會令人心神鎮定。渴望忘卻人世間的不快，會表現在行動上。

這是一種逃避現象，為了儘量減少過去不快的回憶，或對未來的恐懼，而潛逃到另一個世界。

圖樣設計也是一樣。出席這類會議時與會者的心情或心理狀況會影響其所做的決定。今後公司將朝那個方向發展?該如何拓展業務等問題，等於就是自身生活的問題，個人的心理自然會影響對決策的認同與否。

據說著名的畫家梵谷晚年所描繪的作品中多數是動物的圖畫。其中以蝴蝶、鳥類的圖畫最多。

在這個問題中只有一個和動物毫無關係，那是星星的記號（蝴蝶雖非動物卻同是生物而一併考慮）。

選擇這個記號的人，目前的生活及心理狀態都屬於安定。而且，似乎展望著未來。同時，胸懷大志並充滿著期待。

在戀愛方面對目前的對象也感到滿足。雖然不知今後的景況會如何，然而目前兩人的生活就像玫瑰顏色一般地光彩華麗。

選擇蛇的人也許目前正處於意志消沉的狀態吧？而且，最近腦中似乎有揮之不去的精神上煩惱。

可能因不安而連續數日輾轉難眠或被他人欺侮，覺得心酸、痛苦。

處於目前的景況似乎已顧不了戀愛或性愛方面的問題。如果你的煩惱是異性問題，那麼問題是出在你身上。有時情況並不那麼惡劣，自己卻傾向於把一切往壞處想。你必須有心態上的改變。

選擇貓的人雖然精神狀態也不太安定，程度倒還不嚴重。

倒是選擇蝴蝶的人狀況相當危險。這表示現在已不想做任何思考的心態。

同時，似乎也沒有人會傾聽你的煩惱。你已流露出對困守愁城的疲憊或渴望他人伸援手的心態。

如果自己躲在象牙塔內逕自思考，也只是原地踏步。您應該察覺到先詢問他人的各種意見再行動也為時不晚。

問50　全壘打飛向那一方？

這是昨天晚上職業棒球時況轉播中，味全龍對三商虎九局下二出局滿壘的場面。而下圖是味全龍的四號打點王呂明賜揮出一記漂亮的再見安打的瞬間。

那麼，你認為呂明賜這記安打是飛向那個方向？

答50　挑戰型或保守型

〈解說〉在此緊要關頭倒想聽聽棒球評論家們做何解說，不過，在此先利用筆跡的心理分析做一番診斷。

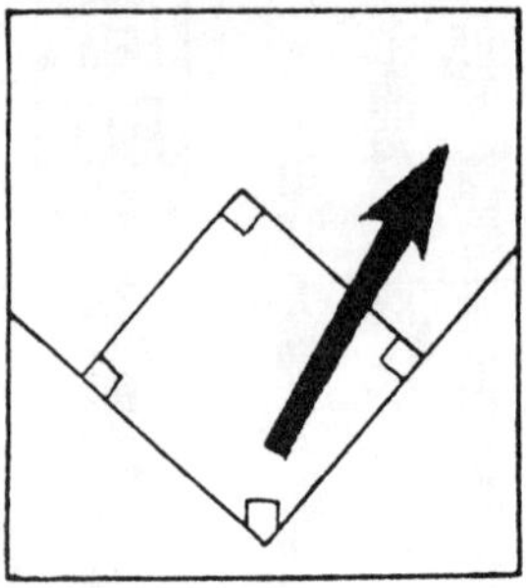

「筆跡分析」是根據文字的大小、筆壓、文字往右上或右下傾斜等條件來判斷該人的性格。

⑴認為往一壘方向飛出的人

由中央往右側是屬於未來派範圍。和右上蹺起的筆跡一樣是表示朝夢想或將來前進的意志。越往右側飛出，未來指向度越強，如果是飛過一壘手的頭頂而差一點變成界外球長打型的人，對工作的積極度最高。充滿著一再地向嶄新的知

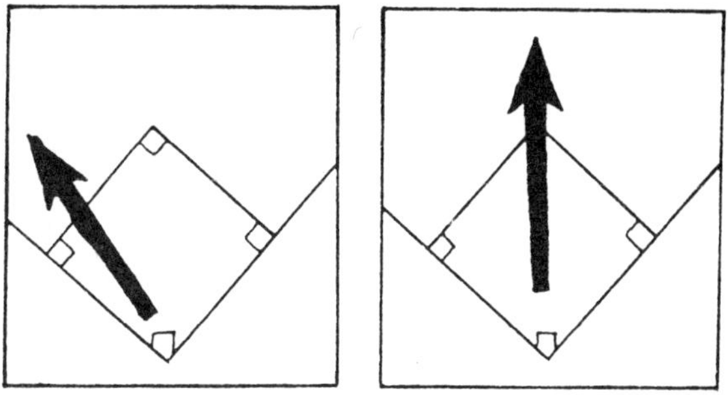

識挑戰，並擴大工作層面的拓荒精神。當然，有時也可能前進過度而造成大失敗……。

(2)認為擊出二壘前安打的人

中央附近是屬於現在範圍。是屬於順應目前的工作或問題而採取行動的類型，較少根據未來的動向而處事。不做細膩的分析而先身體力行。

(3)認為擊出稍微偏向三壘間安打的人

從中央偏向左側是屬於過去範圍。構想稍微往後退，是拘泥於過去的實績或經驗的保守型性格。對自己的行動壓抑過多而無法使工作達到所預測的成果。

具有追求鄉愁氣氛的浪漫的興趣，知識豐富。適合從事於堅守以古老傳統為號召的老舖型的企業。

問51　不知電話打向何處

深夜，一個大學生模樣的青年，在幽靜的住宅街的電話亭內滔滔不絕地講著電話。這是經常看見的光景，他到底打電話到何處？有何事情？

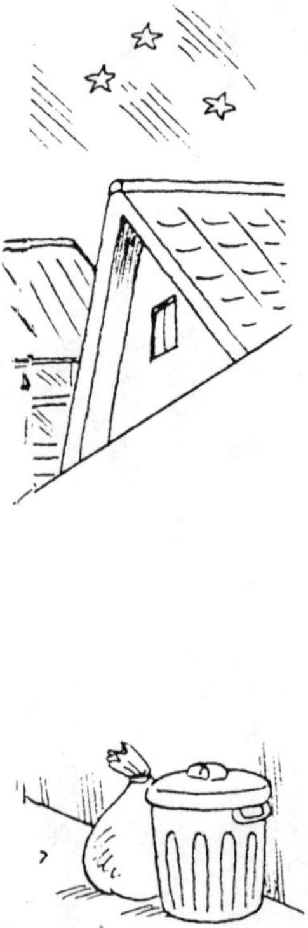

答51　經驗支配感情

〈解說〉

「電話」在現代人的生活中佔有非常重要的地位。也因為如此，打電話時的動作或表情會反映該人日常的生活體驗或心理狀態。

誠如這個插圖，從公共電話亭打電話時，由於電話亭是封閉的個室，和一般位於戶外的公共電話相較下具有通話時間較長的特徵。因為，在密閉的電話亭內有一份安全感，能使人沈著地與對方談話。

因此，在電話亭內打電話的人會有各種不同的表情或動作。從其表情與動作可以大致揣測所交談的對象或談話的內容。

譬如，如果是打電話給非常親密的朋友或情人，會出現撫摸聽筒或倚偎在電話筒上的動作。

如果打電話的對象是自己的長輩或上司，表情會顯得僵硬或有對著電話鞠躬哈腰的動作。

如何掌握這類動作或表情，乃是這個測驗的關鍵之一。

另外，這個測驗是聯想打電話者因為何事而打電話給誰的問題，從聯想中可以明白平常如何使用電話或如何將電話應用在日常生活中。

換言之，追求戀情的多數人會認為這通電話的對象是異性，會有甜美的幻想。而對於常有不快經驗的人而言，也許會想到這通電話是為了公務或借款。對家庭有極大憧憬的人，則認為這通電話是打給家人。

問52

現在是幾點鐘？

你是廣告代理店專屬的攝影師。今天的工作是替「SAIKO公司」拍攝做為目標的手錶照片。

你想拍攝的是這次所要發售的analog 式ＬＬ型的手錶，那麽，時針指在幾點較顯得美觀呢？請把你想要拍攝的時刻塡寫在插圖的時鐘上。

12
11
1
10
9
SAIKO
MADE IN KK
8
7
6
5

答52

瞭解你的職業適性

〈解說〉

一般的趨向大致可區分為三種類型，其一是時針的位置位於定點上，其二是以美感、平衡感而擺置時針，其三是不規則型。

①將針位於正時（剛好是×時）（12時零分除外）或長針與短針成一直線的人

①

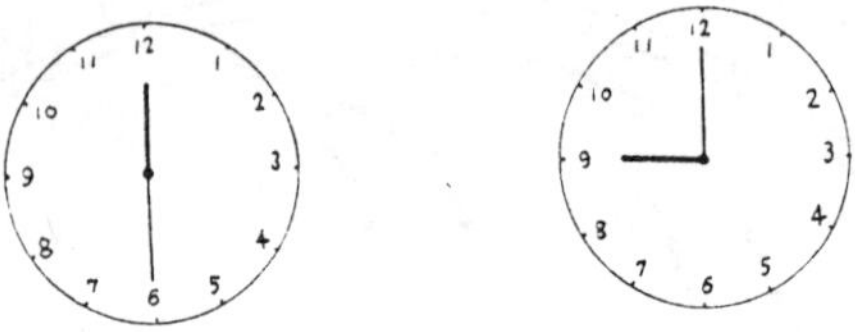

理論型。尤其是將針置於正好三點或九點的人，思想很容易因循老套，在美感方面稍欠平衡。

因此，適合要求獨創性、創造性的工作。雖然認真工作卻缺乏生活情趣的人。

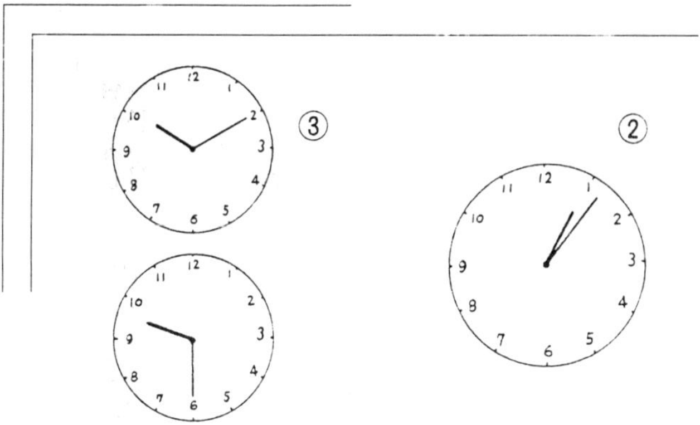

②如「1時6分」等將兩根針置於幾乎重疊的位置的人

變化型。喜歡具有個性的生活方式，適合服務業。

③擺成「10點10分」或「9點半」的人

實際的時鐘CM照片上常有時針指著「10點10分」的圖形，而德國系的時鐘常擺出「9點半」的鐘面。這兩種時鐘的設計最為突出，是最具平衡美感的時針設計。

做這種設計的人具備美感，構想力高。適合藝術性、創造性較高的職業。

④除此之外的人

介於美感型與理論型的中間。適合一般的上班族、自營業等。

問53

博得雙胞胎中那一位女性的芳心？

據說插圖上這對雙胞胎美女中有一位對你產生好感。請根據瞬間看到這兩位雙胞胎的臉孔的印象，猜猜看是那一位女性。

A

B

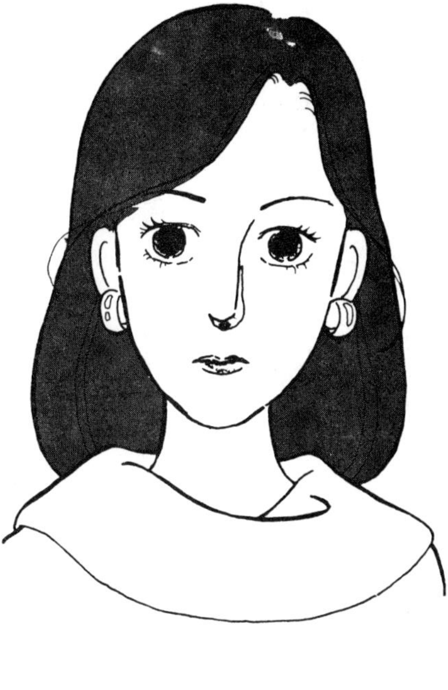

答53　瞭解興趣的趨向

〈解說〉

我想答案一定是A、B各不相同，基本上這是屬於個人喜好的問題，這方面姑且不予深究，而來談另一個問題吧。

首先，如果仔細比對A、B女性的插圖，即可明白B的女性的瞳孔比A的女性大。

根據美國心理學家賀斯（E・H・Hess）的實驗所做的分析，據說瞳孔的大小是表示對觀看對象的興趣、關心的強弱。

所以，以這個情況為例B的女性應該比A的女性對你較有興趣。乍看下A的女性帶著開朗的表情，令人以為是對自己產生好感，其實是B的女性對你心存好意。

另外，下面的資料可做為參考。

日本某光學機器廠商做過一項調查，調查的內容是挑選認為眼睛美麗的女明星，結果前三位依序是松坂慶子、大原麗子、多岐川由美。

這三位女明星只有一個共通之處，那就是她們都有近視。近視的人比其他人的瞳孔稍微張開，因此眼睛的瞳孔顯得大而溫潤。

不過，請不要為了讓眼睛顯得較大而刻意讓自己近視。近視會對其他方面造成障礙，因此，若想向喜愛的對方傳達自己的心情或渴望推銷自己時，最好儘可能地不要使眼睛疲勞而呈現倦怠。

問54　一獲千金的喜悅

在拉斯維加斯玩角子老虎的你，只花一枚硬幣竟中了頭彩。剎那間你手上擁有三百萬美元。那麽，如果是你，會如何表現這份喜悅呢？

①彈動指頭
②跳起身來
③笑出聲來
④用指頭指著角子老虎機器
⑤一臉不可思議的表情

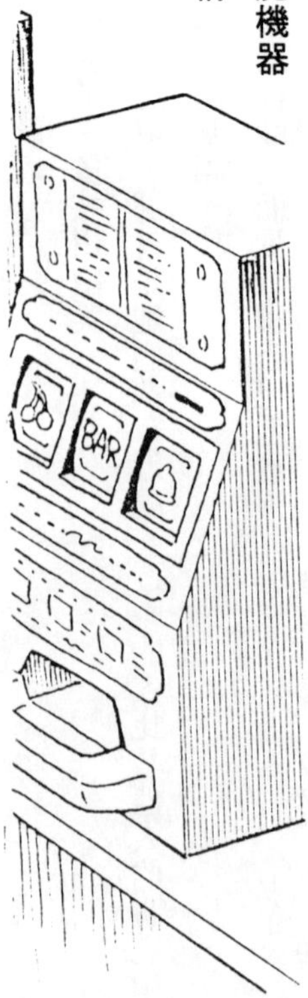

答54　喜悅是感情表現的重大因素

〈解說〉

這個測驗是根據喜悅的表現法而探討該人的性格、心理狀態的問題。

人會表現喜怒哀樂的感情，並隨著當時的情緒而有不同的表情。不論是歡喜或悲傷，真正的感情常潛伏於隱藏其中的深層心理。

不過，在緊張狀況或不留意所暴露的舉止中，比平常的感情表現更會流露出真面貌。如本題情況，突如其來的喜悅所流露的表情會反映該人的心理。這是所謂的無意識行動，而這個行動中會暴露該人的潛在意識。據說東方人比較不擅長做這種喜悅的表現。

請根據你實際的經驗來思考吧。

①彈動指頭

這種人多半是男性，對流行敏感又有品味，只要是嶄新的事物就想挑戰的人。富有社交性，能和上司或同事和平相處。

如果這種類型是女性，則帶有陽剛氣、不讓鬚眉、具行動力、富社交性。自己的好惡非常清楚，會毫不掩飾地呈現在表情上。

不過，金錢觀較強，對一塊錢也斤斤計較，因此，本來相處融洽的同事也可能因為金錢而破壞彼此的感情。

②跳起身來

帶有稚氣的你一旦碰到歡喜的事會立即表現在臉上，如果逢人不說出心中的喜悅則不快。

在戀愛方面若有拈花惹草之事（或紅杏出牆），立即露出馬腳，是不擅長說謊的人。

不過，卻會為微不足道的無聊小事感到憤怒，在他人眼中顯得有點奇怪。是缺乏耐性又愛吃醋的人。

③笑出聲來

只是一臉訕笑的你，個性含蓄、腼覥。不會把真正的感覺暴露在臉上，性格內向而慎重。

不過，這種類型者平常雖顯得忠厚老實，一旦動起怒來會有爆發性的感情表現，有時很容易造成誤解。

在戀愛方面如果找到中意的對象會急起直追，執拗不休地直到對方「答應」為止。

④用手指指著吃角子老虎機器

對自己缺乏自信的人，有時本無其事卻會自己妄自掩飾。略帶稚氣，喜歡標新立異或表現奇特的舉止，令旁人嘆為觀止。即使不足掛齒的事情只要能突顯自己則感到高興。

至於工作屬於熱心型，尤其對他人的風評極為敏感，渴望他人注意自己的願望並暴露在行動上。

同時，對賺錢術相當敏感，並具有卓越的能力。

⑤一臉不可思議的表情

神經質又內向的你，顯得快活與寂寞時的落差極大，本來應該是生性活潑，擅長與人交往的類型，有時卻會佯裝喜好孤獨而令自己滿足。

當獲得他人的讚美或博得異性的好感時，則自以為是。容易受暗示、鑽牛角尖的傾向非常強。有時會對並不喜歡自己的人單相思。

問55

你的雲是什麼樣的雲？

如果要在這片天空裡描繪雲朵，你會描繪什麼樣的雲，請從下面的項目中選擇。

像雲絮般的雲

入道雲

雨雲

如漫畫的雲

答55　表現在圖畫上的深層心理

〈解說〉

這是根據圖畫而診斷該人性格的作畫心理測驗，在所描繪的畫中會具實地反映該人的性格。

尤其是如何表現像雲一般曖昧不明的物體，藉此能凸顯該人的個性。

描繪像入道雲一般氣勢澎湃的雲的人，個性上也屬於激烈而積極的行動派。

相反地，描繪像雲絮般細小、纖弱的雲的人，性格上是屬於消極、內向而喜好孤獨的類型。

描繪有如漫畫中軟綿綿的雲朵的人，是愛做夢的浪漫主義者，缺乏生活的實感。

描繪雨雲的人可能是現在感到某種不安或挫折感，帶有壓力的人。

據說天空是象徵幻想或夢、浪漫。根據在富有這類印象的天空上如何裝飾雲朵，即可瞭解你是屬於幻想型或現實型的人。

著名的畫家梵谷在晚年常描繪顯得極端不安的雲。這也是相當有趣的研究主題。

而這種作畫測驗還有另一個判斷的關鍵。首先來確認雲朵是描繪在空白的那個部份。如果幾乎把全部的空白用雲朵塡滿的人是屬於自我顯示慾相當強的人，任何事如果不順己意，則誓不干休。

至於留空較多的人其判斷的關鍵乃在於在那個部位描繪雲朵。將雲朵描繪在中央的人性格上屬於順應型，是不會無理強求的自然型、樂天派。將雲朵描繪在右側的人多半忌諱自己的過去，會壓抑自己的行動。描繪在左側的人是行動派的幹才。經常追求嶄新的事物而不喜歡單調平凡的生活。

大展出版社有限公司 圖書目錄

地址：台北市北投區11204
致遠一路二段12巷1號
郵撥： 0166955～1
電話：(02) 8236031
8236033
傳眞：(02) 8272069

・法律專欄連載・電腦編號58

台大法學院 法律學系／策劃
法律服務社／編著

①別讓您的權利睡著了[1]	180元
②別讓您的權利睡著了[2]	180元

・趣味心理講座・電腦編號15

①性格測驗1	探索男與女	淺野八郎著	140元
②性格測驗2	透視人心奧秘	淺野八郎著	140元
③性格測驗3	發現陌生的自己	淺野八郎著	140元
④性格測驗4	發現你的真面目	淺野八郎著	140元
⑤性格測驗5	讓你們吃驚	淺野八郎著	140元
⑥性格測驗6	洞穿心理盲點	淺野八郎著	140元
⑦性格測驗7	探索對方心理	淺野八郎著	140元
⑧性格測驗8	由吃認識自己	淺野八郎著	140元
⑨性格測驗9	戀愛知多少	淺野八郎著	140元

・婦 幼 天 地・電腦編號16

①八萬人減肥成果	黃靜香譯	150元
②三分鐘減肥體操	楊鴻儒譯	130元
③窈窕淑女美髮秘訣	柯素娥譯	130元
④使妳更迷人	成　玉譯	130元
⑤女性的更年期	官舒妍編譯	130元
⑥胎內育兒法	李玉瓊編譯	120元
⑦愛與學習	蕭京凌編譯	120元
⑧初次懷孕與生產	婦幼天地編譯組	180元
⑨初次育兒12個月	婦幼天地編譯組	180元
⑩斷乳食與幼兒食	婦幼天地編譯組	180元
⑪培養幼兒能力與性向	婦幼天地編譯組	180元
⑫培養幼兒創造力的玩具與遊戲	婦幼天地編譯組	180元

⑬幼兒的症狀與疾病	婦幼天地編譯組	180元
⑭腿部苗條健美法	婦幼天地編譯組	150元
⑮女性腰痛別忽視	婦幼天地編譯組	130元
⑯舒展身心體操術	李玉瓊編譯	130元
⑰三分鐘臉部體操	趙薇妮著	120元
⑱生動的笑容表情術	趙薇妮著	120元
⑲心曠神怡減肥法	川津祐介著	130元
⑳內衣使妳更美麗	陳玄茹譯	130元
㉑瑜伽美姿美容	黃靜香編著	150元

•青 春 天 地•電腦編號17

①A血型與星座	柯素娥編譯	120元
②B血型與星座	柯素娥編譯	120元
③O血型與星座	柯素娥編譯	120元
④AB血型與星座	柯素娥編譯	120元
⑤青春期性教室	呂貴嵐編譯	130元
⑥事半功倍讀書法	王毅希編譯	130元
⑦難解數學破題	宋釗宜編譯	130元
⑧速算解題技巧	宋釗宜編譯	130元
⑨小論文寫作秘訣	林顯茂編譯	120元
⑩視力恢復！超速讀術	江錦雲譯	130元
⑪中學生野外遊戲	熊谷康編著	120元
⑫恐怖極短篇	柯素娥編譯	130元
⑬恐怖夜話	小毛驢編譯	130元
⑭恐怖幽默短篇	小毛驢編譯	120元
⑮黑色幽默短篇	小毛驢編譯	120元
⑯靈異怪談	小毛驢編譯	130元
⑰錯覺遊戲	小毛驢編譯	130元
⑱整人遊戲	小毛驢編譯	120元
⑲有趣的超常識	柯素娥編譯	130元
⑳哦！原來如此	林慶旺編譯	130元
㉑趣味競賽100種	劉名揚編譯	120元
㉒數學謎題入門	宋釗宜編譯	150元
㉓數學謎題解析	宋釗宜編譯	150元
㉔透視男女心理	林慶旺編譯	120元
㉕少女情懷的自白	李桂蘭編譯	120元
㉖由兄弟姊妹看命運	李玉瓊編譯	130元
㉗趣味的科學魔術	林慶旺編譯	150元
㉘趣味的心理實驗室	李燕玲編譯	150元
㉙愛與性心理測驗	小毛驢編譯	130元

㉚刑案推理解謎	小毛驢編譯	130元
㉛偵探常識推理	小毛驢編譯	130元
㉜偵探常識解謎	小毛驢編譯	130元
㉝偵探推理遊戲	小毛驢編譯	130元
㉞趣味的超魔術	廖玉山編著	150元
㉟		

•健 康 天 地• 電腦編號18

①壓力的預防與治療	柯素娥編譯	130元
②超科學氣的魔力	柯素娥編譯	130元
③尿療法治病的神奇	中尾良一著	130元
④鐵證如山的尿療法奇蹟	廖玉山譯	120元
⑤一日斷食健康法	葉慈容編譯	120元
⑥胃部強健法	陳炳崑譯	120元
⑦癌症早期檢查法	廖松濤譯	130元
⑧老人痴呆症防止法	柯素娥編譯	130元
⑨松葉汁健康飲料	陳麗芬編譯	130元
⑩揉肚臍健康法	永井秋夫著	150元
⑪過勞死、猝死的預防	卓秀貞編譯	130元
⑫高血壓治療與飲食	藤山順豐著	150元
⑬老人看護指南	柯素娥編譯	150元
⑭美容外科淺談	楊啟宏著	150元
⑮美容外科新境界	楊啟宏著	150元

•實用心理學講座• 電腦編號21

①拆穿欺騙伎倆	多湖輝著	140元
②創造好構想	多湖輝著	140元
③面對面心理術	多湖輝著	140元
④偽裝心理術	多湖輝著	140元
⑤透視人性弱點	多湖輝著	140元
⑥自我表現術	多湖輝著	150元
⑦不可思議的人性心理	多湖輝著	150元
⑧催眠術入門	多湖輝著	150元

•超現實心理講座• 電腦編號22

①超意識覺醒法	詹蔚芬編譯	130元
②護摩秘法與人生	劉名揚編譯	130元
③秘法！超級仙術入門	陸　明譯	150元

④給地球人的訊息	柯素娥編著	150元
⑤密教的神通力	劉名揚編著	130元

•心 靈 雅 集•電腦編號00

①禪言佛語看人生	松濤弘道著	150元
②禪密教的奧秘	葉逯謙譯	120元
③觀音大法力	田口日勝著	120元
④觀音法力的大功德	田口日勝著	120元
⑤達摩禪106智慧	劉華亭編譯	150元
⑥有趣的佛教研究	葉逯謙編譯	120元
⑦夢的開運法	蕭京凌譯	130元
⑧禪學智慧	柯素娥編譯	130元
⑨女性佛教入門	許俐萍譯	110元
⑩佛像小百科	心靈雅集編譯組	130元
⑪佛教小百科趣談	心靈雅集編譯組	120元
⑫佛教小百科漫談	心靈雅集編譯組	150元
⑬佛教知識小百科	心靈雅集編譯組	150元
⑭佛學名言智慧	松濤弘道著	180元
⑮釋迦名言智慧	松濤弘道著	180元
⑯活人禪	平田精耕著	120元
⑰坐禪入門	柯素娥編譯	120元
⑱現代禪悟	柯素娥編譯	130元
⑲道元禪師語錄	心靈雅集編譯組	130元
⑳佛學經典指南	心靈雅集編譯組	130元
㉑何謂「生」　阿含經	心靈雅集編譯組	130元
㉒一切皆空　般若心經	心靈雅集編譯組	130元
㉓超越迷惘　法句經	心靈雅集編譯組	130元
㉔開拓宇宙觀　華嚴經	心靈雅集編譯組	130元
㉕真實之道　法華經	心靈雅集編譯組	130元
㉖自由自在　涅槃經	心靈雅集編譯組	130元
㉗沈默的教示　維摩經	心靈雅集編譯組	130元
㉘開通心眼　佛語佛戒	心靈雅集編譯組	130元
㉙揭秘寶庫　密教經典	心靈雅集編譯組	130元
㉚坐禪與養生	廖松濤譯	110元
㉛釋尊十戒	柯素娥編譯	120元
㉜佛法與神通	劉欣如編著	120元
㉝悟（正法眼藏的世界）	柯素娥編譯	120元
㉞只管打坐	劉欣如編譯	120元
㉟喬答摩•佛陀傳	劉欣如編著	120元
㊱唐玄奘留學記	劉欣如編譯	120元

㊲佛教的人生觀	劉欣如編譯	110元
㊳無門關（上卷）	心靈雅集編譯組	150元
㊴無門關（下卷）	心靈雅集編譯組	150元
㊵業的思想	劉欣如編著	130元
㊶佛法難學嗎	劉欣如著	140元
㊷佛法實用嗎	劉欣如著	140元
㊸佛法殊勝嗎	劉欣如著	140元
㊹因果報應法則	李常傳編	140元
㊺佛教醫學的奧秘	劉欣如編著	150元

•經 營 管 理• 電腦編號01

◎創新經營六十六大計（精）	蔡弘文編	780元
①如何獲取生意情報	蘇燕謀譯	110元
②經濟常識問答	蘇燕謀譯	130元
③股票致富68秘訣	簡文祥譯	100元
④台灣商戰風雲錄	陳中雄著	120元
⑤推銷大王秘錄	原一平著	100元
⑥新創意・賺大錢	王家成譯	90元
⑦工廠管理新手法	琪　輝著	120元
⑧奇蹟推銷術	蘇燕謀譯	100元
⑨經營參謀	柯順隆譯	120元
⑩美國實業24小時	柯順隆譯	80元
⑪撼動人心的推銷法	原一平著	120元
⑫高竿經營法	蔡弘文編	120元
⑬如何掌握顧客	柯順隆譯	150元
⑭一等一賺錢策略	蔡弘文編	120元
⑮世界經濟戰爭	約翰・渥洛諾夫著	120元
⑯成功經營妙方	鐘文訓著	120元
⑰一流的管理	蔡弘文編	150元
⑱外國人看中韓經濟	劉華亭譯	150元
⑲企業不良幹部群相	琪輝編著	120元
⑳突破商場人際學	林振輝編著	90元
㉑無中生有術	琪輝編著	140元
㉒如何使女人打開錢包	林振輝編著	100元
㉓操縱上司術	邑井操著	90元
㉔小公司經營策略	王嘉誠著	100元
㉕成功的會議技巧	鐘文訓編譯	100元
㉖新時代老闆學	黃柏松編著	100元
㉗如何創造商場智囊團	林振輝編譯	150元
㉘十分鐘推銷術	林振輝編譯	120元

㉙五分鐘育才	黃柏松編譯	100元
㉚成功商場戰術	陸明編譯	100元
㉛商場談話技巧	劉華亭編譯	120元
㉜企業帝王學	鐘文訓譯	90元
㉝自我經濟學	廖松濤編譯	100元
㉞一流的經營	陶田生編著	120元
㉟女性職員管理術	王昭國編譯	120元
㊱ＩＢＭ的人事管理	鐘文訓編譯	150元
㊲現代電腦常識	王昭國編譯	150元
㊳電腦管理的危機	鐘文訓編譯	120元
㊴如何發揮廣告效果	王昭國編譯	150元
㊵最新管理技巧	王昭國編譯	150元
㊶一流推銷術	廖松濤編譯	120元
㊷包裝與促銷技巧	王昭國編譯	130元
㊸企業王國指揮塔	松下幸之助著	120元
㊹企業精銳兵團	松下幸之助著	120元
㊺企業人事管理	松下幸之助著	100元
㊻華僑經商致富術	廖松濤編譯	130元
㊼豐田式銷售技巧	廖松濤編譯	120元
㊽如何掌握銷售技巧	王昭國編著	130元
㊾一分鐘推銷員	廖松濤譯	90元
㊿洞燭機先的經營	鐘文訓編譯	150元
51ＩＢＭ成功商法	巴克・羅傑斯著	130元
52新世紀的服務業	鐘文訓編譯	100元
53成功的領導者	廖松濤編譯	120元
54女推銷員成功術	李玉瓊編譯	130元
55ＩＢＭ人才培育術	鐘文訓編譯	100元
56企業人自我突破法	黃琪輝編著	150元
57超級經理人	羅拔・海勒著	100元
58財富開發術	蔡弘文編著	130元
59成功的店舖設計	鐘文訓編著	150元
60靈巧者成功術	鐘文訓編譯	150元
61企管回春法	蔡弘文編著	130元
62小企業經營指南	鐘文訓編譯	100元
63商場致勝名言	鐘文訓編譯	150元
64迎接商業新時代	廖松濤編譯	100元
65透視日本企業管理	廖松濤　譯	100元
66新手股票投資入門	何朝乾　編	180元
67上揚股與下跌股	何朝乾編譯	150元
68股票速成學	何朝乾編譯	180元
69理財與股票投資策略	黃俊豪編著	180元

⑩黃金投資策略	黃俊豪編著	180元
⑪厚黑管理學	廖松濤編譯	180元
⑫股市致勝格言	呂梅莎編譯	180元
⑬透視西武集團	林谷燁編譯	150元
⑭推銷改變我的一生	柯素娥　譯	120元
⑮推銷始於被拒	盧媚璟　譯	120元
⑯巡迴行銷術	陳蒼杰譯	150元
⑰推銷的魔術	王嘉誠譯	120元
⑱60秒指導部屬	周蓮芬編譯	150元
⑲精銳女推銷員特訓	李玉瓊編譯	130元
⑳企劃、提案、報告圖表的技巧	鄭　汶　譯	180元
㉑海外不動產投資	許達守編譯	150元
㉒八百件的世界策略	李玉瓊譯	150元
㉓服務業品質管理	吳宜芬譯	180元
㉔零庫存銷售	黃東謙編譯	150元
㉕三分鐘推銷管理	劉名揚編譯	150元
㉖推銷大王奮鬥史	原一平著	150元
㉗豐田汽車的生產管理	林谷燁編譯	150元

•成功寶庫• 電腦編號02

①上班族交際術	江森滋著	100元
②拍馬屁訣竅	廖玉山編譯	110元
③一分鐘適應法	林曉陽譯	90元
④聽話的藝術	歐陽輝編譯	110元
⑥克服逆境的智慧	廖松濤　譯	100元
⑦不可思議的人性心理	多湖輝　著	120元
⑧成功的人生哲學	劉明和　譯	120元
⑨求職轉業成功術	陳　義編著	110元
⑩上班族禮儀	廖玉山編著	120元
⑪接近心理學	李玉瓊編著	100元
⑫創造自信的新人生	廖松濤編著	120元
⑬卡耐基的人生指南	林曉鐘編譯	120元
⑭上班族如何出人頭地	廖松濤編著	100元
⑮神奇瞬間瞑想法	廖松濤編譯	100元
⑯人生成功之鑰	楊意苓編著	150元
⑱潛在心理術	多湖輝　著	100元
⑲給企業人的諍言	鐘文訓編著	120元
⑳企業家自律訓練法	陳　義編譯	100元
㉑上班族妖怪學	廖松濤編著	100元
㉒猶太人縱橫世界的奇蹟	孟佑政編著	110元

㉓訪問推銷術	黃靜香編著	130元
㉔改運的秘訣	吳秀美　譯	120元
㉕你是上班族中強者	嚴思圖編著	100元
㉖向失敗挑戰	黃靜香編著	100元
㉗成功心理學	陳蒼杰　譯	100元
㉘墨菲成功定律	吳秀美　譯	130元
㉙機智應對術	李玉瓊編著	130元
㉚成功頓悟100則	蕭京凌編譯	130元
㉛掌握好運100則	蕭京凌編譯	110元
㉜知性幽默	李玉瓊編譯	130元
㉝熟記對方絕招	黃靜香編譯	100元
㉞男性成功秘訣	陳蒼杰編譯	130元
㉟超越巔峯者	C・加菲爾德著	130元
㊱業務員成功秘方	李玉瓊編著	120元
㊲察言觀色的技巧	劉華亭編著	130元
㊳一流領導力	施義彥編譯	120元
㊴一流說服力	李玉瓊編著	130元
㊵30秒鐘推銷術	廖松濤編譯	120元
㊶猶太成功商法	周蓮芬編譯	120元
㊷尖端時代行銷策略	陳蒼杰編著	100元
㊸顧客管理學	廖松濤編著	100元
㊹如何使對方說Yes	程　羲編著	150元
㊺如何提高工作效率	劉華亭編著	150元
㊻企業戰術必勝法	黃靜香編著	130元
㊼上班族口才學	楊鴻儒譯	120元
㊽上班族新鮮人須知	程　羲編著	120元
㊾如何左右逢源	程　羲編著	130元
㊿語言的心理戰	多湖輝著	130元
(51)扣人心弦演說術	劉名揚編著	120元
(52)八面玲瓏成功術	陳　羲譯	130元
(53)如何增進記憶力、集中力	廖松濤譯	130元
(54)頂尖領導人物	陳蒼杰譯	120元
(55)性惡企業管理學	陳蒼杰譯	130元
(56)自我啟發200招	楊鴻儒編著	150元
(57)做個傑出女職員	劉名揚編著	130元
(58)靈活的集團營運術	楊鴻儒編著	120元
(59)必勝交涉強化法	陳蒼杰譯	120元
(60)個案研究活用法	楊鴻儒編著	130元
(61)企業教育訓練遊戲	楊鴻儒編著	120元
(62)管理者的智慧	程　義編譯	130元
(63)做個佼佼管理者	馬筱莉編譯	130元

國立中央圖書館出版品預行編目資料

性格測驗6　洞穿心理盲點／淺野八郎著；
李玉瓊譯--初版　--臺北市：大展，民83
面；　公分　--（趣味心理講座；6）
譯自：性格ゲーム　第6集，心の盲点をつかれる本
ISBN 957-557-432-X（平裝）

1. 心理測驗

179　　83001150

本書原名：性格ゲーム・第６集
心の盲点をつかれる本
原発行所：KKベストセラーズ
原作者淺野八郎先生授權出版(C)1993

【版權所有・翻印必究】

性格測驗⑥　洞穿心理盲點

ISBN 957-557-432-X

原著者／淺野八郎
編譯者／李玉瓊
發行人／蔡森明
出版者／大展出版社有限公司
社址／台北市北投區（石牌）致遠一路二段12巷1號
電話／（02）8236031・8236033
傳真／（02）8272069
郵政劃撥／0166955－1
登記證／局版臺業字第2171號
法律顧問／劉鈞男律師
承印者／國順圖書印刷公司
裝訂／嶸興裝訂有限公司
排版者／千賓電腦打字有限公司
電話／（02）8836052
初版／1994年（民83年）3月
定價／140元

●本書若有破損缺頁敬請寄回本社更換●

大展好書 好書大展